侧写师

——用犯罪心理学破解微表情密码

邓 明 著

化学工业出版社

·北 京·

犯罪侧写师（Criminal Profiler）

始于 20 世纪 70 年代，是一种经过专业训练的特殊职业。侧写师们通过对作案手法、现场布置、犯罪特征等的分析，勾画案犯的犯罪心态，从而进一步对其人种、性别、年龄、职业背景、外貌特征、性格特点及至下一步行动等做出预测，以便警方缩小搜捕范围，及时制止犯罪行为的延续。

历史上很多连环杀人案就是借助犯罪侧写师的协助破案的。

图书在版编目（CIP）数据

侧写师：用犯罪心理学破解微表情密码 / 邓明著，
北京：化学工业出版社，2011.12（2022.8重印）
ISBN 978-7-122-12786-0

Ⅰ. 侧… Ⅱ. 邓… Ⅲ. 犯罪心理学－通俗读物
Ⅳ. D917.2-49

中国版本图书馆 CIP 数据核字（2011）第 231365 号

责任编辑：张焕强　李岩松　　　　　装帧设计：单纯视觉
责任校对：顾淑云

出版发行：化学工业出版社（北京市东城区青年湖南街13号　邮政编码100011）
印　　装：三河市双峰印刷装订有限公司
880mm×1230mm　1/32　印张 7¾　字数 150 千字
2022 年 8 月北京第 1 版第 27 次印刷

购书咨询：010-64518888
售后服务：010-64518899
网　　址：http://www.cip.com.cn
凡购买本书，如有缺损质量问题，本社销售中心负责调换。

定　　价：39.80 元　　　　　　　　　　版权所有　违者必究

目　录

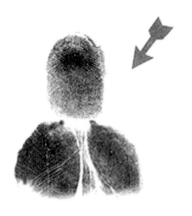

一种最强大的说服控制术

——来源于犯罪心理学的侧写术

1.
锁定你的目标人

一个人的出身背景、受教育程度、职业、性格、心理这些因素都会无形地渗透到一个人的言行举止当中。在我们日常生活中，选择对象进行说服之前，最要紧的工作是了解目标对象的信息，即锁定目标人。

这项工作做得最出色的当然要数侧写师。侧写师的职责就是帮助警方缩小搜捕范围，及时制止犯罪行为的延续。他们往往依据作案手法、现场布置等来判断犯罪嫌疑人的人种、性别、年龄、职业背景、外貌特征等。而这些具体又重要的信息都是从一些细节下手的，通过对细节的观察了解一个人。

迅速读懂一个人，这是 FBI 行为分析科的侧写师们最基本的工作。

约翰·马尔福最近在处理一个案件。在弗吉尼亚州中心偏南的地方有一片占地面积较大的树林，很多去往州北边的人不想绕路时就会从此穿行。最近，这里连续发生了好几起枪击案件。死者大多数是年轻英俊的男性。

据勘察，这几起枪击案件都是在夜间发生的，地点都在树林的深处。因为树林较大，所以守林人并没有听见过枪击的声音。凶手的手脚很干净，现场没有留下任何痕迹，一时案件陷入了僵局。这天，联邦调查局把侧写师罗恩·恩格拉斯派来了解这个处于僵局的案件，罗恩发现这几个受害者都是从背部中枪的，也就是说凶手在背后袭击了受害人。第二天，罗恩从守林人那里探寻到最近没有残疾人或者让人印象深刻的人进出过这片树林。

回到警局后，罗恩宣布说杀人凶手是一个患有口吃的人，于是大家开始着手调查树林周边是否有语言障碍者居住，最后在离树林最近处的加油站捕获了杀人凶手汤姆，让人吃惊的是这个汤姆真的如罗恩所说有着严重的口吃，而他之所以杀害那些年轻的小伙子，是因为他们路过此处加油的时候，曾经嘲笑过汤姆口吃这个隐疾。

罗恩是怎么判断杀人凶手是个有口吃的语言障碍者的呢？

（1）罗恩发现所有的被害者都是后背中枪、这是一个疑点。在杀人凶手持枪、被害者手无寸铁的情况下，他为什么非要选择背后偷袭而不是正面攻击呢？那么应该是杀人凶手的身上有着什么不同于别人的地方，他不想让别人看到他的不同之处，所以用从后方偷袭的方式杀死被害者。

（2）还有一种可能就是他的智力有问题，从小被别人耻笑，所以产生了自卑的心理。但这不可能，杀人凶手把每一个案发现场的痕迹都处理得那么干净，这绝对不是一个智力有障碍的人可以做到的。

（3）守林人告诉罗恩，最近没有残疾人或者相貌让人深刻的人出入树林。也就是说，杀人凶手的外表没有问题，是那种看一眼不会记住的。要不然守林人绝对会有印象。

（4）如果杀人凶手外表没有明显的问题，那么就是看不见的隐疾使他自卑。看不见的隐疾大多数是眼、鼻、嘴、耳这些地方的障碍。

①不会是眼睛的问题，如果一个杀人凶手是盲人，那他怎么可能一发击中受害者呢？

②不会是嗅觉和味觉的问题，这些地方的障碍往往不会让人产生自卑心理。

③如果是单纯的哑巴或者聋子，那么不开口说话，听不见别人的嘲笑，也不会有这么强烈的自卑心理，不想让别人看见自己。

④如果是这个样子，那么就只有口吃了。这类人可以开口说话，并且别人会很容易地发现他语言上的缺点，对此进行嘲笑。

（5）确定了杀人凶手是一个口吃患者之后，罗恩就把目标锁定在了树林附近。因为树林位置比较偏僻，怎么会有一个患有口吃的人在半夜停留在这里伺机杀人呢？只有一个可能，那就是杀人凶手和被害者之间有过节，最有可能的就是被害者曾经嘲笑过杀人凶手的隐疾。

人们在生活当中，会遇到形形色色的人。你可以通过这些人的一些小的细节去分析推理出他们的地位和职业，这会让你更好、更有效率地去编织你的人际网，也可以避免在社交过程中出现的"班门弄斧"的尴尬场面。快速地分析，锁定你要去接触的对象，就需要注意细节。

（Ⅰ）日常的观察和取证

首先你要学会观察，观察是侧写师的基本职业素养。对锁定目标人物信息的观察主要注意以下几个方面。

a. 手

中国古代有"看相"之说，也是要先看手。当然这里的看手跟我们传统意义上所说的看手的纹路来算命就大不同了。看手主要是看手指甲，通常指的是手指甲的长度，还有指甲里面的残留物。例如，指甲里面有白色粉末，再配合上这个人衣着的搭配和整体的气质等，就可以大胆地假设这个人是从事教育工作的。再如，一个人的手指甲都很长，但唯独右手的食指指甲非常干净，那么就说明这个人可能有咬指甲的习惯。在澳大利亚的说法是咬指甲的人通常是从事接待工作的，而且他们的接待工作劳动密集度应该很强。

b. 长相

重点看的是脸、腰、臀部和脚。清康熙年间的施琅曾经在训练他的海军时说过这样的观点："北人善马，故臀大；南人善舟，故脚大"。就是说北方人经常骑马，所以臀部很大；南方人经常站在甲板上，所以脚大。这都是因为长期从事一项工作所导致的，注意这些小细节，也可以分析出别人的职业范围。

c. 衣着

通常所说的看衣着，主要是看衣服的面料，这可以判断出这个人的大概收入。这也好让你在接下来的判断里排除一些和他的身份、地位不符合的职业。另外，如果是在日常生活中碰见的，那么请注意他衣服的褶皱和是否哪个位置有磨损或者污渍。例如，他的衣摆和袖口有白色粉末，再加上前面所说的指甲里面也存在着白色粉末，很有可能这个人就是个老式学校的教师。

d. 言谈举止

言谈举止就是指一个人的说话方式、气质、表情和动作。这是在看一个人的内在，这也是最能反映一个人职业与地位的。例如，一个女生有舞蹈家的气质，那么这个气质具体是指什么，就要从她的走路姿态、动作来分析了。这点是要靠平时经验的积累才可以做到的。

（Ⅱ）积累经验

要想准确地看人，不仅仅是观察就够了。你要把你的观察用平时所积累的经验分析，才能得出确切的答案。例如，我们看到一个挺胸抬头的姑娘，面容姣好，身材不错，身上有种说不出来的高雅气质，于是就可以把她暂时认定是艺术领域的。

然后我们又看见她走路有些外八字，就可以由此判断她是一个舞者；如果看见她指甲修理得很干净，并且手指上有手茧，那么她就是个音乐工作者，会弹奏乐器。

观察和积累没有前后的关系，两者必须一起用才能够达到效果。不能光凭其中的一点就去判断一个人所从事的行业和他所处的环境，这是片面且不理智的。

我们要经常观察，培养自己的洞察力，学着从生活中的一个微小的细节，推出一个完整的结果。

2.

在瞬间赢得好感的技术

侧写师的工作对象主要是案例涉入者，如嫌疑人、目击证人、受害者，以及其他与案例有关联的对象。

而这些人由于特殊的现实处境，会产生恐惧、没有安全感、不容易相信他人的抵触心理。

事实上在我们与陌生人交流谈判时，也经常会出现对方不配合，存在警惕、戒备心理的情况。

这个时候在第一时间赢得对方好感，对接下来的说服显得尤为重要。

联邦探员皮特负责的辖区内发生了一起杀人抢劫案。唯一的目击证人简斯特是一位年轻的姑娘，受到严重惊吓的她不愿意回忆当时的情景，这对皮特侦破这起案件形成了极大的阻碍。皮特面临的最大问题就是让简斯特开口，描述那天晚上她所看到的一切。

但简斯特似乎对皮特非常抵触，她甚至不愿意为皮特开门。

但皮特举着手里的光碟说:"我只是来找人陪我一起欣赏这些经典的乡村音乐,反正这个周末我们都无所事事,不如一起听听。"

事实上,皮特特别选了自己的业余时间,且没有穿警服。此外,他从简斯特的档案中了解到她大学读的是音乐系,喜爱古典乡村音乐。他还特意做了功课,了解了简斯特喜欢的乡村音乐女歌手的生平故事。

这个周末,简斯特和皮特聊得很开心,他们成为了音乐上的朋友。

另一个傍晚,皮特约简斯特到一间咖啡馆聊起最近有哪些好一点的音乐会。闲谈间皮特装作无意地把自己的杯子向简斯特的杯子移近了些。然后他观察到简斯特并没有反感这一举动而把自己的杯子移开,而是继续着他们的话题。

皮特觉得他的第一步接触成功了。

于是他同样装作无意地在他们聊起某个著名歌手时,突然说了一句:"邦尼(受害者)也喜欢那个家伙。"

简斯特愣住了,开始沉默,但并未像之前提到有关案件的话题反应得那么激烈。

接着皮特继续进行劝说,简斯特终于开口了。

这个故事里的探员皮特是个很细心的人，他在一个对他极其戒备抵触的对象的门外，只花了不到一分钟就走进了对方的家里，这是做足了功课的结果。

（1）探员皮特了解到对方是读音乐系且喜欢乡村音乐的女孩儿，于是为这一话题做了充足的准备，包括了解她的偶像。

（2）探员选择穿便服，且在非工作时间拜访，弱化了自己作为侦破案件的联邦探员的身份，而是以一个普通人，有着共同爱好的普通人的身份接近对方。

（3）皮特自己轻松、不冒进、没有企图心的表现让对方放松了戒备。

在第一时间赢得好感，或者说，在第一时间打破彼此之间的戒备使说服沟通顺畅进行，有以下几种办法可以尝试。

（Ⅰ）情境设定

如果你直接问一个人："您本人愿意或者乐于有婚前性行为吗？"相信对方一定不会回答你的问题，让你获得他内心真实的想法。估计你会很难听到正确的答案，取得对方心中真实的想法。谈判说服的过程中，我经常要去提出对方抵触的问题，而且必须得到答案，这种情况要如何处理？很简单，可以将此问题转换一个情境，这样来问："如果两个人正在相恋，恋爱过程中有了婚前性行为，您对此怎么看？"被访者就可能侃侃而谈了，而根据心理学的投射理论，他所谈的，恰恰是他自己对于婚前性行为的态度。

这就是说，什么事情都要换一种方式去询问。当你要说服一个人的时候，千万不要把你的目的轻易地暴露在别人面前。这样对方会对你有防备心理。当你被一个人"偷窥"的时候，自我防护的欲望就会变得极强，这个时候如果在一种设定的情境内去诱导你，你就会觉得所有的事情是自然而然地发生的，在不知不觉当中表露出自己的心声。

（Ⅱ）转移焦点

这种方法跟前一种方法类似，特点就是把问题的焦点从你要说服的人身上转移到另外的人身上去，用这种方法从你要说服的人身上得到你想要的东西。例如，你想说服一个人去你的公司上班，那你就要问："在你们公司，工龄几年（与被访者类似）的员工一般月收入是多少?"，"像这样的收入水平在你们的公司位于什么样的水准?"，等等。

这样的交谈就像是"侃大山"，对方对你的防备会降低，你可以获取你想要的信息，然后对对方进行更深一层的说服。

（Ⅲ）完成句子

这就像是小学生的造句，在一句话里添加缺少的东西。但当这句话完成的时候，也就是对方的真实心理表达出来的时候了。例如，你可以让对方说："当你发现身边同职位的人工资比你高、加班比你少的时候，你会以什么样的心态来调节自己。"

其实这是一种变相的问法，原意是"当你发现身边同职位的人工资比你高、加班比你少的时候，你会怎么想?"你要记住，对方在解决的方法中也透漏了他要解决的问题。你可以这样去收集对方的信息，如完成一个句子，或者字词联想等，从而让你的说服更加顺利。

（Ⅳ）模拟人格

这是针对对企业的说服的。当我们要与某个品牌进行合作或者在某个项目竞标之前进行准备时，要对这个企业的特点进行详细的描述。按照拟人的方式来描述，就是说，例如我们想与美国一家公司进行合作，就要将自己中国的公司和美国将要合作的那个公司想象成两个人，然后仔细询问这是怎样的两个人：有什么特点，长得怎么样，爱好、气质、职业如何等。对这两个人进行描述，从而获得说服对方的办法。

3.
引导他人说出真相的技术

　　侧写师除了在每个案子的案发现场勘察线索，发现那些一般人发现不了的、足以使案子破解的"秘密"之外，他在审讯犯罪嫌疑人的时候，也起着至关重要的作用。

　　众所周知，不是每个犯罪嫌疑人都一定是凶手，更不是每个犯罪嫌疑人是凶手了就会承认自己的罪行，这个时候就需要有人去"引导"他们，让他们在不知不觉或者身心极度疲倦的情况下说出实话，好让案子可以顺利进行。

　　FBI 新进了一名长官，这个长官来了之后就对整个团队做了一些"匪夷所思"的改革，让大家都不明所以。

　　他先让人购买新的咖啡替换之前给犯罪嫌疑人饮用的饮料，当别人问具体要哪种咖啡的时候，他要求把所有能买到的种类都先买回来一点。然后，他自己一杯一杯地品尝这些不同品牌的咖啡，最后竟然选择了最让人难以下咽的那一款。

随后，他又叫人在审讯室里安装了瓦数最高的灯泡，以及几个与自来水管相接的、对准被审席的喷头。旁边的人都问他这到底要做什么。他总是说，遇到不招供的你就知道了。

这一天，FBI"迎来"了一个史上最难应付的犯罪嫌疑人，不管是诱导还是举例说明都没有用处，于是下级就把情况报告给了这位长官。长官去审讯这位犯罪嫌疑人的时候，告诉自己的下属，当自己帮助犯罪嫌疑人要一杯热咖啡的时候，记得用他们"精挑细选"的那一款。

于是审讯开始了。最开始的时候，长官还是用了前面那些审讯这个犯人的方式，这位犯罪嫌疑人漫不经心地回答着，丝毫没有发现这个屋子里面的灯越来越亮。直到这个屋子里的光线刺眼得不得了的时候，犯罪嫌疑人才把目光移上了天花板。

突然之间，所有的灯都灭了，随之而来的是刺耳的失火警报和喷头喷洒下来的冷水。过了一会儿，声音散去，灯又恢复了刚才的光亮。只见这个时候，犯罪嫌疑人的身上已经满是凉水。长官解释说，刚才是失火警报系统出了问题，实在对不住，并且"细心"地奉上了一条毛巾。

审讯依旧在进行，审讯室里很冷，冻得浑身湿透的犯罪嫌疑人直打寒战。当犯罪嫌疑人要求调下室内温度的时候，却被告知是中央空调，无法调节温度。长官这个时候又贴心地对犯罪嫌疑人说："要不我给你叫一杯热咖啡吧。"随后，一位警察送来了一杯"精心"调制的咖啡，咖啡很热，拿在手里很暖。但当犯罪嫌疑人迫不及待地抿了一口咖啡之后，整个人终于崩溃了，很快招出了实话。

为什么这么一个"百折不挠"的犯罪嫌疑人，能够败在这位长官的手下呢？

（1）长官开始时运用之前审讯者的手法，让犯罪嫌疑人对他放松警惕。犯罪嫌疑人会想这位长官也不过如此，从而使思维放慢。有句话说："谎话说多了也就成了真话。"当犯罪嫌疑人在这种思维定势的情况下作答的时候，是精神最放松的时候。

（2）长官制造出警报器出错的戏给犯罪嫌疑人看，也起到了让犯罪嫌疑人转移注意力、放松警惕的作用。另外，用这个时机以凉水浇到犯罪嫌疑人身上来给犯罪嫌疑人的生理造成压力，从而让犯罪嫌疑人的心理更加错乱。

（3）在犯罪嫌疑人处于很恶劣的条件下时，给他一个看似很好的诱惑，也就是那杯热咖啡。然后在这种诱惑下给他最大的打击，也就是难以下咽的咖啡。这是致命的一击，就像一个在险境中的人看到了一个希望，随之而来的就是希望不见了并且被告知自己的情况更危险，这种状况下的人会处于崩溃的边缘。本人的求生欲望迫使自己解脱，也就说出了实话。

在我们的生活当中，如果想让一个人说出自己的心里话，了解他的真实意图，是不能运用这些极端的方法的。但从中我们可以发现很多可以运用心理学的手法，我们可以通过这些心理来找技巧，让自己要说服的人说实话。

当一个人说了实话之后，我们就可以继续按照他的心理制定方案来说服他了。

（Ⅰ）要掌握对方的性格

人的性格是不同的，对接受别人的意见和方式的敏感程度也是不同的。你遇到的是一个很自负但没有真实本领的人；还是一个很有才华又虚心求教的人；是一个急躁不稳的人，还是一个稳重踏实的人。要掌握对方的性格，然后按照他的性格特点进行有针对的说服，这才是最重要的。

（Ⅱ）要知道对方的长处

一定要了解一个人最熟悉、最了解或者最感兴趣的领域，因为他只有在这个时候才能跟你侃侃而谈。人们一遇到熟悉的话题就会有说话的欲望，我们就要针对这种欲望和他们很好地交谈，从而知道他们的想法。有的人擅长语言文学，有的人擅长艺术行为，有的人擅长摄影拍照。在说服别人的时候，要从对方的长处入手。这样，你可以更好地了解对方，还可以让对方觉得和你交谈的内容非常容易理解，增大对方被说服的概率。你可以把对方的长处当做说服他的有利条件。

（Ⅲ）了解对方的兴趣爱好

这个跟第二点相似，有人喜欢绘画，有人喜欢音乐，还有人喜欢下棋、养鸟、集邮、书法、写作等，每个人喜欢的东西都不一样。每个人都喜欢从事自己感兴趣的工作，谈论自己喜好的事物。从这个方面入手，也可以打开对方的话匣子，从而知道他内心的真实想法，完成你想说服的事情。

（Ⅳ）了解对方的真实想法

这是通过前面三点以后你知道的事情了。如果你在和对方交流的过程当中，发现他非常坚持某些想法，那么除了他说的那些理由之外，你就要深入思考更深层的一面了。一定有一个原因让他坚持自己的想法，这种更深一层的想法，才是他的真实想法。但他一定因为某种原因不想让别人知道自己的这种想法，自己总是难以启齿说出这种原因。如果能真正了解他的苦衷，就能有针对性地加以解决。

怎么了解他的真正苦衷呢？这个时候我们就可以像故事里面所说的，向对方施加压力。

当然，你不能像故事里那么做。但你可以用暗示等手法给对方的心理增加压力。例如，你可以暗示对方你已经知道了什么，这样会让对方觉得自己的秘密已经被发现。在一定的意义上说，这种方式是可以诱惑成功的，因为当他这个秘密在心里憋了太久，遇到了一个已经知道的人时，就会不由地脱口而出。但也会有相反的作用，如他会进一步提高警惕，甚至一句话都不跟你说。这个时候，你就要运用这一节所讲的方式，让他对你放松警惕了。

4.
用侧写术影响他人的想法和行动

影响别人的想法和行动，几乎像是催眠一样。但在侧写工作中，这种事情是经常发生的。其实所谓的影响他人，就是去说服他人，让他人按照你的思维模式来想事情或者按照你的要求去做出行动。

这是一种心理上的暗示，其目的在于说服控制对方。

FBI 有一位叫做法尔加的警官，是个非常有天赋的人。他在 FBI 当领导的时候，完成了一项很了不起的工作，就是他可以让所有的人都保持良好的关系，在 FBI 里没有一件令大家不满意的事情。另一方面就是他可以让别人接受本来不同意的、令自己不高兴的想法。

这一切，都要说法尔加的说服力非常强大。他可以运用自己的手段去影响他人的想法和行动。当某一个重要职位空缺时，法尔加会邀请所有的人进行商议，让所有的人都有推荐候选人的机会。他说："起初，他们也许会提议一个不适合这个职位的人，就是那种需要照顾的人。我就告诉他们，任命这样一个人，大家很难赞成。

"然后，他们又把另外一个也不太适合这个职位的名字提供给我，这是一个资深的员工，他只求一切平安，没有什么好的作为。我告诉他们，这个人无法达到大众的期望。接着我又请求他们，看看他们是否能找到一个显然很适合这个位置的人选。

"于是他们拿出了第三个人给我，这个已经差不多可以了，但还是不太符合要求。

"接着，我谢谢他们，请他们再试一次，而他们第四次所推荐的人差不多就可以接受了。于是他们就提出更好的人选，我对他们的协助表示感谢，接着就任命那个人——我把这项任命的功劳归于他们……我告诉他们，我这样做是为了能使他们感到高兴，现在该轮到他们来使我高兴了。而他们也真的使我高兴。他们以支持像'文职法案'和'特别税法案'这类全面性的改革方案，来使我高兴。"

这位警官懂得身处低下的妙用，尽可能地向他人请教，并且表现出尊重他们的忠告。当他任命一个重要人选时，他总是让那些人觉得，那是他们选出来的适当人选，完全是他们自己的主意。

（1）看似是在争取别人的意见，这一点非常重要。这位警官先后很多次拒绝被推荐上来的人，但都没有用"我觉得这个人不合适"之类的言语来拒绝，而是在被选者身上找原因，而且是一些对方身上很明显存在的原因。这些原因不仅不是在否定对方，而且看起来更像是为对方着想。这样的拒绝既显得有礼貌，又容易被人接受。

（2）懂得感谢。当每一个被选人被提出的时候，无论结果怎么样，这位警官都用一种感恩似的心态来告诉这些人，谢谢他们的帮助。这样的态度会让对方更乐意为你做事，并且把事情做到更好。

（3）给对方暗示，当对方已经把自己选的名单提交上来的时候，还要用积极的态度跟对方讨论，就好像这个提议是他说出来之后才被提上日程的，而不是自己先安排好要去这么做的。这样会让对方觉得自己的提议被采纳完全是因为自己。

一个人是否可以影响他人是非常重要的，这也是说服术里最重要的一点。

那么，我们如何去影响别人，让别人在不知不觉中被我们"说服"呢？其实，要想影响别人，就要让自己改变，让自己去贴合别人。先被认同才容易影响和引导。

（Ⅰ）自己的人生是怎样受到其他人影响的

首先要从分析自己入手，知道自己的人生会有怎么样的影响；大多数时候，自己是怎样就被别人影响了；是什么原因让自己就顺着别人的轨迹前行了。一般我们会总结出的是对方的心意恰巧与自己相似，或者对方非常有说服力，用某些事物引诱了自己。而这个就是关键，分析自己会发现，对方对自己的引诱，或者对方和自己的相似都是一种表面现象，实质上还是为了说服你，让你动心就可以达成他想要的效果。怎样从一个被动接受者变成一个自主的发挥者，其中的"冲击"效应可以契合题目展开论述，是否带有煽情成分，可以自己把握。

（Ⅱ）提出一个疑问

怎样才是对他人人生的"冲击"，或者怎样才算是对别人有影响，让自己的形势处于积极的一面。这样的行为是受到了自己的控制，还是对方的个人主观意愿的控制所导致的结果。这些都是我们需要考虑的。

在这个时候，我们应该选择否定的引例。因为人与人之间的误解是多过理解的，所谓的影响并不受主观期望的影响，这样反而大多是背离本意的结局。那些所谓的"这种带有影响目的，所以存在下来的客观行为"是最终改变自己和对方的行为。只要能够言中有物，把自己的意思清晰地表达出来，并且注意此清晰不是直白，而是含蓄的表达；并且做到按照对方的逻辑思维进行语言表达，就可以让说服成功，从而影响对方的行为和想法。

（Ⅲ）以上面的疑问为出发点，展示自己对这一问题的回答

每个人对其他人的具有冲击性的影响倒是真真正正存在

的，但并不是只要你有主观的意思就可以改变他人的想法。如果你迫切地去说服别人，就很容易暴露出自己的目的，从而让对方产生抵触心理。这个时候要从疑问出发，先自己解决问题得到答案，然后再按照自己的答案制定说服手段。你应该直面一些问题的选择，很多时候很多事情不是你想得到就能得到的，一石二鸟的事情也是较少发生的。面对指责，你要正确地选择哪个是对自己最重要的，从中让自己的说服手段得到升华。

5.
用侧写术掌控谈判

世界上所有的谈判双方都是利益敌对方，这就注定了双方之间存在为了保护自己的利益而警惕对方，甚至想办法侵占对方利益的情况。

在这种较量中，没有暴力，没有硝烟，全凭敏锐的观察、犀利的辩论和缜密的思维。

说到底，是在谈判过程中，对对方的心理和行为分析准确，找准软肋，一招致命。

而作为 FBI 行为分析研究的专业人员的侧写师在对心理和行为的研究这一领域是佼佼者。侧写的心理行为分析理论运用到谈判过程中，使你更容易看透对方心理，了解对方下一步的动向，从而掌控住对己方有利的谈判局面。

一天下午，在纽约有劫持人质事件发生，正在休假的 FBI 谈判专家、主谈判手詹姆斯接到指令后立即出发，一上车就不断询问相关情况。

从家到案发现场道路畅通，车子只开了短短十几分钟，但对于詹姆斯来说，仿佛过了几个小时。现场位于一座大桥上，嫌犯在一辆大巴上，手握匕首，抵在一个9岁小女孩的脖子上，旁边还有一个男乘客，也被当做人质控制。他根据仅有的少量信息，迅速制定了初步的谈判思路。

　　赶到现场的时候，嫌犯只抽了一根烟。身着休闲便装的詹姆斯，一上大巴车，便主动摊开双手，拍了拍自己的腰间、裤兜，"兄弟，放心，我只是来跟你聊聊天，没有恶意。"

　　说这话的时候，詹姆斯迅速瞄了一眼车内的情况：车子是40座左右的大巴，嫌犯坐在倒数第三排，小女孩被他紧紧地抱在怀中，正在发抖。另外一个人质距离嫌犯50厘米左右。

　　詹姆斯拿出一包烟，抽出一支，衔在嘴上，点燃，深吸了一口。"来一支？"詹姆斯又掏出一支，准备递过去。嫌犯犹豫了一下，似乎想接，但很快将手收回去。詹姆斯笑了笑，"不好意思，我忘了你不方便点烟。"说完将自己嘴上点燃的香烟递过去，嫌犯伸手拿烟的时候，匕首紧紧地抵在小女孩的脖子上。

　　詹姆斯瞄了一眼，笑了笑，心里却在默念："此人极为谨慎，还要寻找破绽。"趁着嫌犯吸烟稍微放松时，詹姆斯迅速将车上观察到的情况用手势传递给了后面的同事，之后，不动声色地与他拉起家常。

不管詹姆斯怎么诱导，和他说话，嫌犯在整个过程中一直沉默，只是用鼻音发出"嗯"、"哼"等字眼。根据这一情况，詹姆斯判断此人极为难谈，必须"攻坚"。于是，他转变策略，在信息量严重不对称的情况下，随便说出了一个地名，来试探他的老家。这下，嫌犯动了动嘴："我就是纽约的。"

詹姆斯长长地舒了一口气："只要开口，就有戏。"詹姆斯接着纽约这个话题，很快往下谈，希望了解他家人的情况。这一策略奏效，十几分钟后，嫌犯提出想要一辆车。"没问题。你有什么要求，尽管说，我可以协调，在最短的时间内满足你。"詹姆斯继续问，"你还有什么要求？"

"没了，就一辆车，加满油，车子要好一点。"嫌犯说，他家里有个老母亲，还有个姐姐在加拿大。"要车去哪里？我们也可以帮你开。"詹姆斯说。"我去找我姐姐。"嫌犯说，母亲一个人在家，没人照料，去找姐姐，就是要让姐姐照顾好母亲。

就在谈判专家紧急协调车辆的时候，嫌犯突然改口："我不要车了，没有用的，要车没有用的。"

于是谈判再次陷入僵局。

詹姆斯看着嫌犯怀里的小女孩，已经吓得脸色惨白，自己也禁不住着急起来。人质是一个年仅9岁的小女孩，哪里遇到过这种场面，一旦坚持不住，小女孩的危险系数将大大增加。"孩子太可怜了，你看她渴得难受，我来给她点水喝。"詹姆斯拿过一瓶矿泉水，递了过去。嫌犯还不错，他接过去，递到小女孩嘴上，小女孩喝了一口水。随后，詹姆斯又拿出一瓶没有开盖的，递过去，"如果他接过去，势必要开瓶盖，这就是机会。"但嫌犯非常警觉，他摇了摇头，没有接矿泉水。

"我还有个儿子，8岁。"嫌犯像是在自言自语。

詹姆斯精神一振，"按年龄，我应该喊你弟弟，这里的人无冤无仇，换个角度，你儿子如果坐车时遇到这种情况，你会怎么想？都是孩子，小孩子啊。"詹姆斯看到，嫌犯此时身体一颤，低下了头，不再说话。詹姆斯紧紧地盯着嫌犯手上的匕首，他希望那把匕首再远一点点，哪怕只有5厘米，他就能一招制敌。

时间一分一秒地过去，嫌犯手上的匕首，仅仅离开小女孩脖子两三厘米。在这种情况下，贸然出手，肯定不行。小女孩快要支撑不住了，浑身颤抖。因为小女孩的颤抖，嫌犯似乎也受了刺激，情绪也激动起来。

"我不会放手的。我知道自己杀了人，他已经死了。那是一条人命，我跑不掉的。"嫌犯声音明显高起来，东张西望，开始用手拉扯窗帘，他要把窗子遮挡起来。詹姆斯知道，在谈判中，一旦对手知道了底线，就比较麻烦了。之前，他还想，嫌犯可能不知道自己杀人的事实，很多情况下，凶手也会心存侥幸。嫌犯情绪越发暴躁，手上的匕首开始离小女孩越来越近。

车内，谈判还在继续。车外，数名狙击手从各个角度瞄准嫌犯。对狙击手来说，一枪制敌是目标，但不一定要将嫌犯击毙。在击伤的情况下制敌，是最好的结局。一切准备妥当，詹姆斯看到后方传来的信息，他不动声色，继续耐心地做说服工作，为嫌犯争取最后的机会。

但嫌犯已经控制不住自己的情绪了，就在匕首贴近小女孩脖子时，枪声响起，嫌犯的脖子上一股血流喷出来，当即倒地。詹姆斯瞬间冲过去，一把将惊魂未定的小女孩抱在怀中，交给了紧挨着他的同事。其实，这个同样着便衣的警察，就是FBI另一位警官罗比，在整个过程中，他与嫌犯和詹姆斯一直在一起。之后，数名特警队员迅速冲上车子，将受伤的嫌犯擒获。

（1）在这场谈判中，最重要的就是控局。犯罪嫌疑人是个很难接近的人，他的警惕性很高，稍有不慎，小女孩就会惨死在他的刀下。这个时候的詹姆斯要做到不慌乱，才能够保证嫌犯不动手。

（2）詹姆斯需要细心观察，如谈到孩子时嫌犯的犹豫，小女孩的颤抖对嫌犯的影响。只有观察好每一个方面，才能够让嫌犯在自己的估测之内。

（3）快速判断。当发现嫌疑人情绪激动的时候，詹姆斯快速地判断出要去狙击嫌疑人。这种最差的打算，是要在很严谨的情况下做出的。詹姆斯通过观察和交流，知道嫌疑人自身已经没有任何侥幸心理了，在这样的情况下，唯有狙击可以制止惨剧的发生。

（4）詹姆斯善于运用周围的人。如果詹姆斯旁边没有罗比的话，他也不会轻举妄动，因为一个人营救小女孩并制伏凶手，是非常难做到的。于是詹姆斯分析了自己的形势，才做出了选择。

在我们平时进行商务谈判和说服别人的时候，也要注意控局。只有掌控了局面，才能够选择合适的方式来完成自己的任务。

（Ⅰ）仔细观察

a. 衣着

这个可以参考本章的第一小节，主要是通过初步观察了解一个人的性格和喜好。这样的观察可以让自己投其所好，根据对方的喜好来谈判和说服对方。

b. 交流中对方的变化

这个主要指的是动作上的变化和表情上的变化。每个人内心有反应的时候，自己的面部或者身体都会不由自主地发生变化。只有了解对方在想什么，才能够有针对性地说服对方。

（Ⅱ）迅速决策

a. **有清晰的逻辑**

在说服别人或者谈判的过程当中，你要保持清醒的头脑。把你接收到的所有信息在大脑里归纳总结，成为一条有条理的索引。

b. **不犹豫的判断**

当你拥有了一条索引的时候，就要用它来帮助自己做决策了。你要分析好坏和自己的得利情况，然后做出最终的决策。可以在做出决策之前进行对比，但速度一定要快。因为很多事情可能在于你的一念之差，错过了就不会再有了。注意对时间的把控也是很重要的。

（Ⅲ）运用周围人物

a. **准备时**

在准备谈判或者说服一个人的时候，就要善于运用身边的人脉，为自己收集有利的信息，为谈判或者说服别人的成功打好基础。

b. **谈判时**

谈判时人物的运用是很重要的。例如，你提出了一个想法之后，可以以询问的语气问身边的某人，当然你要会选择这个人，他一定是在这个问题上跟你想法一致的。这个选择，就要在你观察和分析之后才能产生了。

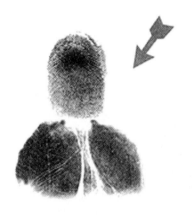

成为住在对方心里的魔鬼

——侧写的关键在于侵入

1.
"为什么" 源于 "做什么"

　　侧写师经过专业训练，通过罪犯的作案手法及相关背景等勾画出罪犯的作案心态，甚至揣测他们作案后的心理动态。

　　作案往往都带有一定的目的性，会有明显或隐蔽的作案动机。了解案犯为什么会作案是破案的关键，尤其是他们的家庭背景，职业背景，以及人生经历等与犯案有着紧密的联系。

　　反过来说，案犯的作案手法与其经历有着很大的联系，侧写师在作案手法上可以推测出案犯病态的犯罪心理以及行为规则，从而缩小搜查范围，更早地侦破案件。

　　佛罗里达州 B 区接到市民报案，在市中心某公园深处有人被杀。报案者是一对小情侣，在树林约会时经过下水道，发现了死者。

　　据现场初步勘察，死者为四十岁左右的女性，下水道旁的草地并无挣扎过的痕迹，但发现几滴血迹。根据验尸报告，死者在三天前已经死亡，死亡前头部受过重物背后多次袭击而导致昏迷，脑部大量出血，因未及时抢救而死亡。

此案件由探长马尼尔负责。回到警局，马尼尔召集人手开会分析案情，之后将与死者之前有关系及接触过的人带回警局问话。调查没什么进展，只知道死者为附近居民，平时待人热情，并未和人结怨，所接触的人也没有什么疑点。

在调查期间，凶徒再次作案，同一地点，同为女性，年龄同为 35~45 岁之间，受害人同样是公园附近的居民，并且和上一位死者是同一公寓的邻居，凶徒用同样的作案手法作案。

马尼尔探长推测，此案为同一凶徒所为，照例喊了与死者接触过的人问话，还是没有发现疑点。

案件陷入僵局，警方推测凶徒不可能在短时间再次犯案。可是没想到，仅仅隔了三天，又有一名附近大厦的居民受害，作案手法完全一样。马尼尔认为：三起案件肯定是熟人所为，死者都是在毫无防备的情况下被重物击中脑部导致休克死亡的。马尼尔再次召集与死者生前接触过的人盘问，发现在三起案件中，一名送外卖的小伙子非常可疑，他不仅与三名死者接触过，而且在盘问期间异常冷静。

马尼尔开始注意这名叫加达的小伙子，认为他还会再次犯案，一个星期过去了，凶徒还没动静。马尼尔在调查中发现，加达父母双亡，在加达 7 岁时父母大吵一架之后，父亲失踪了，最后母亲也失踪了。加达没有固定的工作，性格内向，待人倒很谦逊，很少与人接触，一下班就回到店后面的破屋子。通过商店老板口述，加达这些天都没在破屋子住，晚上灯都是灭的。

马尼尔认为疑犯作案还未结束，只要耐心等待，他还会再次出来犯案。果然，在最后一次部署中，马尼尔抓到了疑犯，那个疑犯正是加达。

据加达交代，他认为他所杀的都是水性杨花的女人，三起案件都是他做的，他恨那些不检点的女人。原来加达小时候，母亲由于不检点而和父亲吵了一架，还大打出手，母亲错手杀了父亲，并私自处理了尸体。平时父亲很疼爱他，失去父亲对他来说是很大的打击。母亲之后改嫁，加达经常受到继父的暴力对待，他怀恨在心，但他更恨母亲，他觉得他们都得死。最后，他杀了她们。这次所杀的三个死者经常和他聊天，家里都有丈夫，他病态地认为她们在勾引他，所以，决定杀了她们。

正如马尼尔分析的一样：

（1）死者均为同一年龄段的女性，马尼尔推测案犯作案具有针对性。

（2）马尼尔发现加达在接受盘问过程中异常冷静，初步怀疑他有嫌疑。又通过商店老板的口述，了解到加达性格孤僻，与近期行为的异常相比较，更加深了对他的怀疑。

（3）马尼尔在深入调查加达的家庭背景与生长环境的过程中获悉加达有作案动机，父亲无辜在争吵中被母亲杀死，而母亲正是因为行为不检点与父亲争吵，再加上母亲改嫁后继父的暴力对待，增加了加达的仇恨，从而使加达加重了对生活不检点的女人的憎恨，导致悲剧发生。

我们做事都会带有目的性，会因为自己想做什么才会向着目标前进。谈判中，我们更要懂得了解竞争对手的背景与实力，以及别人的目的和想法，这样才能更好地找出对策。

（Ⅰ）通过谈话深入了解他人背景

每个人的背景包括家庭背景、环境背景、心理背景等。在接触中，我们只有先了解这个人的来头，才可以与他展开积极沟通，抑或进行公平较量。

a. 家庭及生长环境

家庭决定了一个人的生长环境，生长环境决定了一个人的性格及思想作为。

所以，不妨通过谈话中对于对方家庭和生长环境的了解，充分发掘他出生以后所经历的事情、体会到的感受和观看到的情境。通过这样有目的性的谈话，我们可以从对方的家庭和生长环境中，大致判断出他具备什么样的性格，在面对问题时能够做出什么样的选择。

如果在谈话中根本不打算借聊天的形式，摸清楚家庭和生长环境，那么，后面的接触只能说是无的放矢，缺乏必要的依据和基础。

b. 掌握性格特征

要想别人为你所用或者避免被别人利用，你就必须掌握性格特征及规律。

刚刚进入一个新的圈子时，你需要通过谈话来对每个人的心理进行分析。通过谈话中暴露出的个人性格，如急躁抑或迂腐，刚强抑或软弱，判断哪些人会成为你的朋友，对你有帮助，哪些人又是阻碍你前进的绊脚石。

其实，这同时也是我们与他人谈话的相处之道。说话的过程中，我们应该尽量照顾别人的性格缺陷，并做出互补，不应直接在语言上正面顶撞，否则，自己的敌人将会因为不适宜的谈话方法而越来越多。

（Ⅱ）通过谈话，观察日常行为

言谈举止从侧面反映出性格特征，我们应该从语言交流中看出他人的行为特征，从而去观察人的素养，了解其动机和目的。

其实，在交流过程中，我们能够通过语言和表情充分了解到对方是否行为正常，并进一步判定他们是否在有意掩饰什么。

可以试着从言行中了解对手在想什么，想要做什么，从而更好地知己知彼。

例如，通过谈话，你发现对手对某项工作比以往描述的更为重视，这说明他更积极地对待这项工作，这无形中表明对手自身的压迫感，以及对这项工作的重视程度。掌握了这点，就能加重危机感，迎合对手的步伐，更好地找到节奏，与其并进。

（Ⅲ）谈话发现动机

动机在心理学上被认为是涉及行为的发端，使人产生一种内在驱动力，使之朝着所期望的目标及方向前进。有动机才有行动，行动总是大脑有意识的推行结果。人们会为了各自的目标而不断地努力，不断地进步。而谈话过程中，其自身动机会很直接、明显地从语言中表现出来。

如"我这样做，是想……"，"如果不……，我才不……"等，如果能够听出它们背后的含义，就能够充分了解其中包含的动机意识，从而获得与动机相对应的处理方法。

2.
永远是条件换取合作

合作，是指合作双方有着共同的目的，互相配合实现共同利益的行为方式。如果你需要对方遵从你的目标，配合你的行动，最好的办法是让他意识到在配合你的行动过程中，达到的结果，也能满足他的某种需求，而且这种需求还是他正急需的。这样，对方与你合作的可能性才会越大。

侧写师在工作中，经常需要与谈判对手合作，因为侧写师需要信息，需要验证自己的推断，嫌疑人、当事人、目击者以及一切可以提供信息的人都将是他们努力说服的对象。但要说服这些人是相当困难的，因为他们处于特殊境况当中，相对于普通人有着更高的警惕性，没有安全感，不容易相信他人。他们如果愿意合作，往往要以对自己有利的条件作为筹码。所以，当对方警惕性极高且没有安全感的时候，直接给出有利条件作为交换，比费力说服要有效得多。

然而，这样只相信利益、不相信情感以及其他不具体的承诺的对象，能打动他们的利益条件究竟是什么，是侧写师要去探索的难题。

美国纽约州 A、B 两区近日来发生了两起爆炸案，爆炸地点均在警察局旁边的商店，造成 1 名平民及 2 名警察死亡。

盖特警长对两起案件展开调查，发现两起爆炸案作案手法相似，事发地点相似，盖特初步认为两起爆炸案有关联，很可能是恐怖组织或者极端分子挑战政府权威的报复、挑衅行为。政府立即下令全城戒备，并全力搜查凶手。

盖特调出爆炸前两个地点的监控录像，发现一名男子形迹可疑，他身穿黑色 T 恤、牛仔长裤，头戴鸭舌帽，手里提着一个旅行包进入商店，之后两手空空地走出商店。

盖特下令调查并跟踪该名男子，最后发现该男子是纽约大学的一年级学生，在校品学兼优，可是家里条件不好。

一个星期后，经过一路跟踪与侦查，该名男子前往 C 区某街道警察局附近，准备再次作案，警方当场将其抓获。

尼斯，非洲移民，今年刚满 18 岁，是纽约大学一年级学生，在学校品学兼优，多次拿到政府颁发的奖学金。由于父母在前年的一次车祸中身亡，家中的两个弟弟全靠他照顾。学校的奖学金只能补足他的学费，政府补助只够一家糊口，去年年初，他多次向政府申请高额补助均被拒绝。尼斯陷入了失落中。据尼斯交代：一天下午放学，他正赶回家，学校门口站着的两个男子喊住了他，说知道他所有的情况，包括他的家人、他的需要。他们说是来帮助他的，只要他肯帮助他们送两件东西，便给他丰厚的酬劳。尼斯一开始不答应，可是一想，自己身上没多少钱了，政府的钱还没批下来，还要挨上好几天呢。于是，他答应了。

他按两个男子的指示将旅行袋放在警察局旁边的商店的角落里，之后找到两个男子拿了钱便回家了。当尼斯看到爆炸的新闻后震惊了。一个星期后，两名男子又找到了他，要他继续为他办事，尼斯不同意，两名男子威胁说："不照做就杀他全家，做了还会有好的报酬。"尼斯不情愿地去做了，最后被逮个正着。

盖特认为尼斯是被人利用的，只是从犯，必须揪出幕后黑手，否则还会有案件发生。

尼斯不敢供出两名案犯的行踪，害怕伤及家人。盖特警长向尼斯承诺，如果他愿意供出两名男子，并转做污点证人，指证他们，会向法官求情帮尼斯减刑，刑满后会给他一个新的身份并和家人移居国外，在受理案件期间，会好好保护他的两个弟弟。尼斯经过多番考虑后，终于答应和盖特合作。

盖特通过尼斯详细的描述及警方的精密部署，终于将两名凶徒绳之以法。

（1）盖特在抓获尼斯时，通过尼斯的家庭背景以及口供，认为尼斯是被凶徒利用的，凶徒利用了尼斯的经济状况与家人安全加之诱惑与威逼，先让尼斯在不知情的情况下与他们合作，之后通过对尼斯的威胁让他再进深渊。

（2）盖特在对尼斯进行审讯时，知道尼斯并无犯案动机，只是受凶徒条件诱惑与威胁，所以他需要尼斯做他的污点证人，利用尼斯对家人的爱向其提出条件，尼斯同样利用了警方的办案需求，合作互利。警方最终抓到幕后黑手，尼斯也得以重新做人。

合作是人与人之间为达到共同的目的，相互配合、互相参与的一种沟通形式。

在谈话中的双方也并不总是处于对抗状态，适当地转为合作状态，能够取得更好的效果。

（Ⅰ）条件是合作的前提

a. 表明共同利益

人们并不一定明确各自合作的目的性，所以，你应该用谈话中的强调告诉他们，彼此的合作是为了各取所需，各自得利。

例如，在商业合作中，无论是你或者对手都并未确定市场，手头也都缺乏资金。那么，就需要用谈话来沟通，让对方看到你们的合作能降低投资成本，分担投资风险，最后都得到各自该得到的收益。

b. 通过谈话建立信任

合作是在相互信任的情况下建立起来的。如果对方不信任你，那么任何合作都无从实现。

因此，在谈话开始除了表明共同利益，还要建立起足够的信任。例如，告诉别人自己为什么需要他的合作，怎样看待他的合作等，让对手相信你的态度，相信你的立场。这比起互相怀疑、毫无交流的状态，更利于合作开展。

c. 用语言让对方感到合作的力量

通过语言描述，让对方看到合作以后所展现出来的美好前景，并能够在你的描述中憧憬和陶醉。当他们感受到合作的美妙结果时，他们无形中也就能看到合作所带来的状态，体会到合作的力量。

（Ⅱ）谈话中强调合作的条件

a. 充分列举合作条件

为了促成合作，你应该在谈话中充分列举出合作条件，以便对方能迅速地考虑自己是否可以接受这些条件，从而接受合作。

例如，告诉对方，如果你能做到以下几点，我们就能够迅速开展合作，获得双赢。

在结果的压力下，对方又看到了条件的必要性，那么，他们势必会对这些条件加以考虑，并往往有可能做出对你有利的选择。

b. 暗示条件以换取合作

另一个可能是，在别人对你提出合作希望的时候，你应该通过谈话，采取明示或者暗示的方法，提出某些条件。例如，告诉对方，"我希望能获得……"，"我认为我应该能得到……"等。这些给出的条件听上去并不是必须要求对方做到的，但实际上正表明了你的态度和立场，即对方如果谋求合作，必须要满足你的条件。

3.

有限承诺更快被接受

承诺是人与人相互信任的作用体，是一个人对另一个人还未实现的未来憧憬的保证。

承诺别人的事就一定要做到，否则会失去别人的信任，在别人心中的形象会大打折扣。爱计较的人还会对此加以夸大，从而影响你被别人所接受的能力。

在这一点上，侧写师们把握得很到位。如果大家注意就不难发现，侧写师在与合作对象谈判的过程中，即使内心非常渴望对方能与自己合作，提供对侦破案件有利的更多信息，但在谈判过程中，无论对方提出什么样的条件，侧写师都会注意做出有限承诺，即非百分之百承诺。因为承诺是现实目标还未实现的虚拟保证，是还未完成的出现在脑海里却又脱口而出的证明。

如果侧写师过于轻易地满足对方要求，反而不容易获得对方的信任，而有限承诺却恰恰表现出承诺方对自己要承诺的条件进行了慎重考虑并得出可行的结论，这样反而更容易令对方信任，接受条件，同意合作。

　　侧写师在同对象的交流中，并不可能一味地承诺，因为这实际上等于将自己的地位让步于对方；也不可能一味地逃避，不给予任何承诺，这样的话会让对方无法相信自己。最好的态度就是给予有限的承诺，在能够实现的基础上，获得对方的信任，并开始自己的控制之术。

　　亨特是一家大型公司的员工，十几年来非常努力地工作，他一点一点地在进步，很受领导的赏识。最后，他一步一步地往上爬，晋升为财务总监。

　　亨特很爱他的工作，也很爱他的家。他爱他漂亮的妻子和两个可爱的孩子。如今事业爱情两得意，他很是满足。

　　可是最近，亨特发现妻子经常要加班，几乎天天打电话要他下班接两个孩子放学。一天，亨特在接两个孩子的路上隐约看到妻子和一个穿着西装的男人在路上边说边笑，但他不敢肯定那是妻子。

　　这天，妻子又打电话给亨特，说她又要加班。亨特忙完手头的事，提前下班去接孩子，由于平时走的街道堵车，他便绕道行驶。他不经意间看见街边的茶馆里，透过玻璃窗，妻子和一个西装男正在谈笑风生，他并没有看到那男子的模样。亨特越想越觉得不对。

　　第二天，亨特请了私家侦探跟踪妻子的行踪，并且要求拍下他们暧昧的证据。令他震惊的是，原来与妻子在一起的男子就是亨特公司的老板。

亨特回到公司继续上班，很是生气，可是又不能马上摊牌。回到家，亨特终于憋不住了，和妻子大吵了一架。第二天上班，亨特在工作上出了错，他认为老板有意刁难。自那以后，亨特几乎每天回到家都要和妻子吵上两句。妻子扬言要和他离婚，并带走两个孩子。亨特的老板知道他与亨特妻子的事情败露，于是找亨特摊牌，要求亨特与妻子离婚，否则不仅他的工作不保，而且要他好看。亨特不肯。没过几天，老板叫来亨特，说他贪污公款，已经报了警。亨特很生气，情绪很激动，他说老板不仅让他戴绿帽子，还要陷害他。一怒之下，他挟持了老板。公司员工报了警，警长曼哈带着几个警员很快赶来。

曼哈先是安抚了亨特的情绪，试图让他平静下来，随后用舒缓的口吻与他谈判："嘿，听我说，放了人质，我们会放你走，就当什么事也没发生。"亨特激动地嚷道："会那么容易放我走吗？反正也是死，我要带着这个坏人一起死，这个坏人抢了我的爱人，还要陷害我，我要他不得好死。"曼哈劝道："你还有大把的青春要奋斗，想想你的孩子们。我答应你，你的事情我一定帮你调查清楚。"曼哈叫人通知亨特的妻子，妻子随后带着两个孩子赶来了，曼哈指示她要说一些曾经与亨特的美好往事，以及对以后生活的憧憬。妻子向亨特大声喊道："亲爱的，放了他，我和他只是业务上的来往，一点关系也没有。相信我，我们以后的生活会很快乐，我不会离开你的，我和孩子都不能没有你，我们曾经发过誓，会永远在一起，会一起看着孩子长大，你不能就这样离开我们。"亨特有些被打动，慢慢放松了警惕，曼哈趁他不注意，将他擒获，解救了人质。

曼哈是怎样完美解决问题的呢？

（1）利用案犯的心理特点，反复给案犯坚定的保证，了解案犯心里最担心及最想做的事。

（2）让案犯见到最亲近、最信任、最想见到的人，因为案犯往往都不愿意在他最珍视的人面前作案。

（3）通过案犯亲人的劝说，给予案犯有限的、短期的、最想要的承诺，让案犯重新寻找憧憬，保留希望，加重案犯身负的责任，让其放松警惕。

谈话中的承诺应该是有分量的，并不是随便的一句脱口而出的虚言。一句有保证的承诺对对方是很重要的，它就像一把保护伞，给对方带来安全感。

那么，在什么样的情况下给对方什么样的承诺是最有保证的呢？

（Ⅰ）向对方表明承诺者的身份

a. 表明自己是对方亲近的人

承诺应该建立在信任之上。素未谋面、毫无关系的人给出的承诺，很多人肯定难以接受。所以，在谈话中应该首先表明自己是同对方站在一条战线上的，是为对方利益而考虑的。

想要向对方表明自己的身份其实很容易，找到自己和对方的共同点并加以强调即可。例如，"我也是这么过来的"，强调的是你们共同的历史。再如，"我跟你站在一边"，强调的是你为了维护他的利益。这样，在你做出承诺之前，对方就已经能相信你的话了。

b. 不要急于承诺

谈话中，你应该记住千万不能急于承诺。

在没有搞清楚对方想要的承诺之前，你应该静观其变，或者把握他们的要求，从而仔细推导出其内心想要的承诺。

另一种方法是通过试探性的询问，如"你大概需要……"这样的话语，往往会诱导出对方内心的真实想法。

（Ⅱ）一步步给出有限承诺

不要在谈话中把承诺定得太高，否则让对方过于期待，反而不利于你在后面进行其他方面的补充或者调节，甚至失去斡旋的机会。

而有限承诺之所以更能让人接受，是因为它没有过分拔高对方的期望。通过适当的承诺，始终能把对方的希望保持在一定范围内，这样，你就不会导致对方产生失望之情，也就始终能引领对方在你的承诺之下行动。

4.

假意制造对称信息

我们常常把对自己有用的内容称为信息，因此，信息是有价值的。

合作和信任的前提是双方客观上认识到在信息面前是平等的，即你掌握的一切，对方也同样掌握。日常生活中，我们把这种行为称为坦诚相待。

在谈判过程中，达到这种状态则是侧写师常用的一种说服技巧，侧写师掌握的信息大多是推理信息，并未经过验证，或者在一些情况下，虽然掌握了有效信息，却不能让谈判对象知晓，但又不能让对方看出自己有所隐瞒。这时，为了让对方以后仍然愿意积极配合，就得采取假意制造对称信息的方法。

侧写师利用自己推测的事实，收集案犯的作案信息。假装了解案犯，再衔接所得到的信息，引导案犯自己说出实情。这种手法在侧写师侦破案件的过程中十分常见。

新泽西近郊的 A 村庄近日接连发生入室盗窃案，

十几户人家被盗，被盗的全部是现金，居民损失惨重。

由于地处偏僻，小偷一窜进树林就很难捉到。

克劳奇探长对此案进行调查跟踪，搜查期间，发现村子的跨度较大，四面都是树林，很难防御。有的人家装上了防护门及防护窗，可是还是被盗。A 村庄离 B 村庄有两个多小时的路程，所以克劳奇初步推测，这接连的盗窃案很可能是同村的熟人所为。

克劳奇找到村长询问最近有没有陌生人进出，有没有异常的事情发生。村长说："最近没看见什么陌生人，只是 B 村有一个叫特里的人经常到这边来探亲，他妈妈生病了，需要照顾，每隔一天会来一次。"

克劳奇暂时没有发现可疑之处，他派人调查村子里的所有人。在警察调查期间，A 村再没有发生盗窃案。克劳奇更肯定，案犯是在 A 村范围活动的人，而且已经收到信息，知道警察盘查。

当克劳奇到特里家查访时，因为村长提过这个人，所以他更加仔细。特里穿得很寒酸，屋子里只有简单的床铺，他母亲躺在床上。屋子里的家具都很旧，上面的漆已经脱落了，还有被虫子侵蚀过的痕迹。桌上有一台超大的数字电视，显得与房间很不匹配，电视看起来很新，桌下放着装电视的大盒子，没有多少灰尘，看样子，电视是新买的。克劳奇问特里："这电视是你买的？"特里冷静地回答："是。""最近有没有见过什么可疑的人？"克劳奇问。"没有。"特里回答。

克劳奇突然看到特里脚上穿的鞋子上缺了一小块皮，好像有摩擦的痕迹。询问过后，克劳奇觉得特里有点奇怪，想进一步了解他的状况。他又去找了村长。村长说："特里又老实又孝顺，平时给人补鞋，生活拮据，特里的妈妈最近病了，他特别细心地照顾。最近他家多了个大电视，我问过他怎么不拿钱将母亲送去医院，还买电视。他说是政府补助买的。他每天晚上6点多就回B村，之后第二天再回来。"

克劳奇觉得事有蹊跷，立即搜查被盗的人家看看有没有线索。果然，在一户人家的阳台外的窗户下发现了浅浅的鞋印，另外墙上还有向下滑落的痕迹。

克劳奇再次去特里家调查，带着怀疑的口吻问道："你这几天在哪里？你的鞋子怎么弄破了？为什么不买双新的？"

特里敷衍地解释了几句。克劳奇见特里有些心虚，接着说："你为什么那么紧张？我知道这几起案件和你有关，鞋子是蹭在墙上才划破了皮吧，是不是你攀爬后失手差点摔下来了？我们在一户人家的阳台上发现鞋印，和你的鞋子非常吻合。还有你的电视，你哪来的钱？我查过政府补助的记录，根本就没有你家的名字。"

特里有点震惊，心想那个警察猜测的全部没错，他心里很慌张，开始大声嚷嚷："我没有，我没有。"克劳奇接着说："你不用抵赖了，村里有很多人看见你这几天忙忙碌碌，我去B村调查过了，有人看见你半夜才回到村子。"特里情绪激动地抱怨起来："我不想的，我从来没想过干违法的事，我没有办法，我母亲病了，她一手把我拉扯大，我不能就这样放弃，她很辛苦，连电视都没看过，这是她最后的心愿，我一定要满足她，我真的没办法，但我一定要让她开开心心。"特里对他的犯罪事实供认不讳，警方将其逮捕。审讯室里，特里交代了犯罪过程。

之前警方没有足够的证据，很难抓住犯罪嫌疑人，克劳奇是这样让案犯自己认罪的：

（1）在警方调查期间，案犯作案停止，所以克劳奇推测，案犯已经收到搜查他的信息，暂停作案。

（2）找出特里的作案动机，查访时发现特里家中的可疑物品，两个串联组成物证。

（3）特里作案并无人证，克劳奇假意制造对称信息，装作很了解克劳奇的行踪以及家里状况，从而让特里心虚，情绪激动之下说出实情。

侧写师能够通过假意制造对称信息，说服对方。其实，掌握这样的方法，其关键在于以下两个方面。

（Ⅰ）用重要的信息制造对称效果

对称效果其实只是一个本体的感受，也就是说，利用有效的谈话方式，调整其中的信息内容，你可以人为地为对方制造出他需要的对称感觉。

例如，当对方怀疑你的立场，或者质疑你的表态时，你应该友好地释放出对方想知道的信息，从而让他感受到你的位置，并进而由此关心自己的切身利益。

设想这样一个情景，传闻公司将要裁员，作为人事部门主管的你压力很大，因为不少员工纷纷传言是你提出的裁员建议，你事实上已经成为众矢之的。在这种情况下，为了避免员工们因为信息不对称而造成的误解，你可以通过其他途径，友好地释放出裁员文件的真正内容，并借此摆脱身上的过多压力。

实际上，这就是通过给予对方想知道的信息，让他们得出对称感觉的典型案例。

（Ⅱ）用无关紧要的信息换取合作态度

反过来，当对方并不在乎你手中的信息，并不相信它关系到切身利益的时候，你又如何利用谈话来换取他们的合作态度呢？

你不妨挑选出无关紧要的信息，但却用郑重其事的表达方式给出，从而换取对方的合作态度。

例如，作为教师的你发现学生团伙作弊，你已经掌握了组织作弊的学生名单，但他们并不知道，表现得相当不合作。

这时候，马上抛出"我已经掌握了名单"这样的信息，其效果并不大，因为它换取不了学生的合作，从而起不到教育的效果。正确的做法是，假意抛出看似无关紧要的"校方很重视，拒绝交代的学生会予以严惩"这样的信息。在这样的信息的交流中，一定会有学生率先动摇，同你展开合作。

5.

我是来帮你的

侧写师面对的说服对象大多是涉嫌案件的牵连者，在案件没有侦破之前，无法判定哪个人是无辜的，哪个人是有罪的。但有一点可以肯定，没有任何一个人愿意被牵连进任何法律案件中。也就是说，他们都有脱身、逃避或弥补的心理。

无论是哪一种心理，都是弱势心理，这正是侧写师可以切入的突破口。

而切入这种弱势心理的最佳途径便是：我是来帮你的。

对于一个被牵涉进案件之中，正紧张、无助、慌乱的人来说，这是最容易与之拉近距离的开场白。

心理学同样认为，要想打开对方的心理防线，首先必须表现善意，降低对方的心理防备，或者引导他肯和你谈条件，这是从对方身上获取真实信息的最好征兆。

迈阿密州某区发生一起绑架勒索案，福勒集团董事长福勒的儿子在放学途中被人掳走。福勒晚上接到绑匪电话，说他儿子已经被他们绑架，尽快准备三千万美元的赎金，不许报警，否则撕票。

一天过去了，福勒准备筹集资金，可是因为银行一时之间没那么多现金，无法周转，最快也要两天才能筹齐所有钱。妻子偷偷报了警，她认为即使给了赎金也未必可以救出儿子。

一接到电话，瑞斯探长很快带着警员赶到，瑞斯在福勒家里装上监听设备，等待匪徒再次打来电话，以便通过监听找到匪徒电话信号的位置。果然，匪徒着急了，打来电话说快点筹钱，否则儿子没命。短短的几十秒，瑞斯没有查到匪徒电话信号的位置。

福勒夫妻俩非常担心，害怕儿子遭遇不测，想用赎金换人。瑞斯同福勒说："千万不要给赎金，给了之后说不定你儿子一点希望都没有了，他们会很快撕票。对方现在拿不到钱，你儿子对他们来说还有用。我们是来帮你的，请相信我们可以救出你儿子。下次匪徒来电话的时候，你尽量拖延时间。"所有人都在耐心等待，两个小时之后，电话再次响起。

福勒慌忙接过电话，匪徒叫他将钱准备好放在某个地点，稍后还有电话指示。福勒和匪徒周旋了几分钟，似乎觉得声音有点耳熟。警方通过信号对接，录下了匪徒的声音，放了两遍录音，看看有没有线索。瑞斯发现福勒有种讶异的表情，似乎知道对方的来头。

瑞斯对福勒说："这声音你在哪里听过吗？是不是有点耳熟？"福勒慌忙摇头，说："没有，没有……没听过。"瑞斯有点疑惑，怀疑福勒知道匪徒是谁。于是把福勒叫到一个拐角，对福勒说："我是来帮你的，你这样有所隐瞒会影响我们办案，时间很紧张，越往后你儿子的危险就多一分，不要再浪费时间了，把你知道的和我们说，我们会尽快救出你儿子。"福勒的妻子听见他们的谈话，哭哭啼啼地哀求福勒："如果知道什么线索就提供给警方，赶紧救救儿子吧！"

福勒终于说了："电话里的声音有点像我的一个朋友——克里斯，因为经营不善，他亏空了公司所有的钱，而且欠下一笔巨款，前几天找我借钱，我的公司因为资金周转不开，所以拒绝了他。他说我找借口，故意不借给他。还说我忘恩负义，以前是怎么帮助我的，现在找我借这么点钱都不借。我们吵了几句，之后他走了就没找过我了。"

鉴于福勒所说的话，瑞斯推测此事与克里斯有关联。他开始部署行动，叫福勒按照匪徒的指示去做。福勒照匪徒所说将赎金放在一个垃圾桶里，之后回家等电话。警方躲在隐蔽的地方紧紧盯着垃圾桶，不一会儿，一个十五六岁的少年准备取走赎金，当场被抓获。

警察将少年带到审讯室，少年很害怕。审讯过程中，瑞斯推测少年并不是主谋，只是被利用，帮匪徒拿钱而已。于是瑞斯开始仔细询问，希望从少年口中得知匪徒的线索。少年很紧张，什么话也不说。瑞斯安抚道："别害怕，孩子，我知道这不关你的事，说说看，是什么人让你去拿钱的？"少年双手紧握，还是不说话。瑞斯继续说："我是来帮你的，你不说是什么人叫你去的，我抓不到他，我怎么帮你？好孩子，说完之后，等我们行动结束，我就送你回家，来，喝杯饮料，别紧张。"少年见瑞斯如此客气，说话语重心长，慢慢放下了戒心，一点一点地说出了匪徒的外貌特征，以及拿到钱之后放在什么地方给他。得到消息之后，瑞斯立即行动，按照少年的描述以及配合，将匪徒抓获，解救了福勒的儿子，匪徒正是克里斯。

那么，瑞斯是用什么方法收集到匪徒的信息并找到线索，以及用什么方法让他们与警方合作的呢？

（1）当瑞斯发现福勒神情异常的时候，觉得福勒肯定知道什么，肯定有什么线索可以提供给警方。瑞斯让福勒知道，警方是站在他这边的，是来帮助他解救儿子的，从而让福勒说出自己所知道的信息。

（2）警方抓住少年的时候，少年因为紧张而不知所措，有所戒备。瑞斯通过与少年的沟通，用善意的语言安慰他。一杯饮料的慰问缓解了气氛，让少年慢慢放下防备，与警方合作。

谈话中传达你的善意，尽量帮助对方摆脱困境。只有这样，交流才能变得顺畅而有效，沟通才能更有价值。

（Ⅰ）学会表达你的帮助态度

无论是对话的哪一方，都可能有需要别人帮助的那一刻。如果站在力图影响和控制对方的位置上，你自然应该学会表达自己的帮助态度，而不是表得得冷漠和超然。后面这种态度无助于加强互相之间的信任，也难以起到说服他人按照你的意见行事的作用。

a. 表明身份

告诉对方，自己是来帮助他的，这比其他任何自我介绍的方法都要有效。

例如，同事做的策划出了大问题，老板很不高兴，让工作经验丰富的你去给他修改。如果你不注意维护同事的面子，很可能帮了他却遭到他的嫉恨。较好的表示方法是这样的："你最近很忙，上面让我来帮帮你……"相信这样的说法，既没有丢你任何的身份，也保全了同事的面子，最重要的是你们在之后的合作中能够配合得当。

b. 表明能力

要想让对方接受你的建议，那么，就要让对方看到你有帮他的能力。并不是任何陌生人的帮助，我们都会坦然地加以接受。人们更希望接受专业人士的建议，而不太考虑缺乏自信和心得者的方案。

所以，谈话一开始不妨展现你自己的能力。例如，告诉对方"我是专门从事……"，"我的经验主要集中在……"等，从而通过自我表明，获得对方的信任，加强你后面建议的效果。

（Ⅱ）有效表达条件

在谈话中，表达帮助他人的态度很重要。不过，为了获取自己想要的回应，你也应该列举出条件，寻求对方的理解和支持。

不妨直接告诉对方，想要得到帮助，他应该为你做到哪些事情。这样，既能够显示你的帮助是为了促进合作，也可以让对方明白他的义务所在。当你列举的条件获得有效理解和认可的时候，相信对方也会付出更多，并达到你的目的和要求。

6.
询问对方最在行的事

每个人都有自己最拿手、最在行的事。

人们往往对自己最擅长的技能充满自信，十分地有把握。一个缺乏自信的人如果有拿手绝活，也会让他在这点上显得更有信心。

在询问对方的拿手好戏的时候，别人通常会十分乐意和你讲述，因为他们最在行的事，也就是他们感到最有成就感的事。别人和你津津乐道地描述自己的绝活，不仅使你们找到了话题，更增进了你们之间的感情。

侧写师认为，人总是有一种自我表现的习惯，询问对方最在行的事，也就是凸显出了对方的长处，让对方自我感觉良好，这时是最容易拉近关系的时机，通过你向他的请教来彰显出他的表现力与内心世界的自我评价。

　　墨西哥城内一直贩毒猖狂，毒贩各有各的贩毒地块。为了收获更多的利益，毒贩们开始结盟，组成了贩毒网络，各自有分管地段。

其中，以洛克为首的贩毒集团最为庞大，他负责B区毒品制造与散播，他有自己的制毒科研工厂，半个墨西哥城的毒品基本出自他的毒品加工厂。包装之后再散发到各处。

墨西哥城B区莫阿警官，专门负责毒品调查，他跟踪洛克贩毒集团已经多年，虽然几次抓了洛克，可是始终找不到毒品加工厂，洛克很谨慎，也很狡猾，每次他都不会亲自交易。

莫阿最近收到线报，有将近价值一亿美元的海洛因将从洛克的大仓出货。莫阿推测此次数额巨大，以洛克的性格必定会亲自安排一切，以防万一。莫阿心想：这次一定要抓到他，让他无法翻身，当务之急，必须先找人跟进，了解洛克的行踪。

这次为了不让洛克逃脱，莫阿安排了四队人马跟进执行这次的任务。

洛克有所行动了，他的车停在了街边，突然车里走出来他的三个手下，分别上了另外三辆车，到了四岔路口分别朝着不同的方向驶去。洛克果然狡猾。莫阿派了三队人马分别跟着三辆车，莫阿跟住洛克的车。三辆车一齐到达一间木材厂，车上的人全部走进了一个办公室，门窗封闭，很可疑。警员们接到指示，冲了进去，发现里面犹如一个实验室，桌子上是看似毒品的白色粉末。警员呼叫莫阿，说发现工厂，请求支援。

莫阿调转了方向，准备前往木材厂，可是又一想：不对，洛克没那么容易让我们找到大仓。他指示警员找来专家化验白色粉末。果然，桌子上放的都是不知成分的粉末，不是毒品。莫阿和几个警员紧紧跟着洛克，最后停在了路边树林旁，他们跟着洛克走了进去，果然，发现了树林里的地下制毒工厂，看见几个身穿白色防护服的人正在做着实验，洛克正在验货。莫阿请求其他几队人马支援，全部到位后，冲进实验室，捣破洛克的制毒工厂。

莫阿将洛克带到审讯室里问话，要洛克交代所有的犯罪事实及制造毒品的经过。洛克很狡猾地说自己是无辜的，自己只是被利用，有人下药将他带到工厂里，什么制毒技术，他什么都不懂。莫阿警官说："你上学时化学成绩怎么样？我其他功课都不行，唯有化学不错，等一下和我到实验室里，我做给你看制毒的过程。"

莫阿将洛克带到制毒工厂，他拿起实验瓶摆弄着，洛克在一旁轻蔑地观望。莫阿将一些液体倒入实验瓶里，嘴里嘟囔着："真奇怪，为什么这个不溶解？"在一旁的洛克冷笑着。莫阿嘴里还在嘟囔："对的啊，应该是这样，你等一下啊，我重新弄，一定是分量多了。"洛克突然说道："不用了，你步骤错了，当然不溶解，将步骤反过来，就会溶解了，还以为你多高明。"莫阿笑着说："你所说的话我们已经录了下来，会作为呈堂证供来起诉你，你跑不掉了。"洛克脸色顿时骤变，后悔莫及，都是他自以为是惹的祸。

莫阿之所以可以套出洛克的话，是因为用了这样的方法：

（1）莫阿经过几年的跟踪，了解洛克的性格，而且他是贩毒集团的主脑，肯定掌握了制毒的技术。

（2）莫阿利用洛克自以为是的性格，通过在实验室里故意做错制毒步骤，套出洛克真正的制毒过程，从而录下洛克侧面承认制造毒品犯罪的事实，让他不打自招。

侧写师之所以能够得到对方的信任，或者发现对方与众不同的地方，正是因为他们能通过谈话迅速看到他人的优势，找到别人与众不同的特点。

（Ⅰ）通过谈话发掘别人最突出的地方

a. 学会发掘

每个人都有自己最在行的事、自己最突出的地方，往往这些拿手好戏会得到别人的欣赏与赞叹。

通过谈话，发现别人最在行的事。这样不仅可以让自己冷静客观地认识一个人，还可以与之取长补短，互相交流，最后得到自己的利益。

领导在和员工交谈之后，了解了员工潜力，分析员工的性格特点和技术特点，以及哪些是员工最在行的事，哪些是某些员工并不擅长的事，从而进行工作分配，增加管理效益。例如，领导在谈话中发现小李平时话不多，技术全面，而小王平时话多，善于表达，技术一般，于是分配小李专门从事技术方面的工作，小王从事外联工作。

b. 如何发掘

清楚地辨析每个人的长处和倾向不是一件容易的事。有的人较开放，可以直接说出他最在行的事情；而有的人较为保守，需要你不断地观察与交流。

要学会发掘别人最擅长的事，首先要正面与别人交流，客观地看待，从不同的角度认识他人。例如，你认为别人最在行的技术你也会，甚至感觉没有你得心应手，最终主观地否决了别人的潜力。

其次要保持谈话中坦诚沟通，以业绩和行为为依据。发掘别人最擅长的事，并不能凭他说什么就肯定他，而是要看他做了什么。语言具有局限性，具有欺骗性，是口说无凭的，最终还是要看他的业绩和实际行为，这才是证明他拿手好戏的真正依据。

最后要在谈话中让他自我肯定。有些人自以为是，有些人自信不足。往往自以为是的人会吹嘘自己的拿手好戏，可是那些自信心不足的人并不会正面承认他的本领，他们也许觉得人外有人，自己不如其他人。只有在得到别人肯定的时候，他们才会觉得自己技高一筹，这类人的潜力其实是需要别人提点和发掘的。

（Ⅱ）在询问对方时给予回应

询问对方最在行的事不仅可以加强双方的沟通，增强别人自我表现的能力，还可以让你借机来分析别人的性格。这种方法的应用，不仅对他人，也对你有积极的作用。

询问对方最在行的事，要表明自己虚心的善意，从而展开话题。例如在完成一项任务的时候，因为技术不熟练，你遇到了困难，而同事很好地完成了，你必须向同事虚心讨教，说自己的能力不足，不如他，可否教几招解决技术的拿手方法。相信同事会很乐意帮你解决问题。

另外，还要突出对方与别人与众不同的特点，让对方有成就感，从而让对方自我表达。

每个人都有一种潜意识里的自我评价，彰显自我的行为意识。在询问对方最擅长的事时，可以在语言上加重语气，如"你真棒！"，"他们都不会！"，"只有你能帮我！"，"你真的好专业啊！"。要注意的是，可以寒暄，但不能感觉假意，必须带有真诚。否则，不仅你难以了解到对方，还会让对方觉得你只是虚伪地说说好话。

7.

运用对方最熟悉、最感兴趣的语言

人类与动物的区别其中有一项就是语言区别。在人类的大脑分区里，划分出了语言中枢，这就让我们可以更清晰、更直接地用语言来表达自己的情感，让我们可以更容易地了解别人的酸甜苦辣。

语言是交流的表达形式，社会人群形态各异，阶层有高有低，这就要求我们在说话时要注意自己的表达方式，面对什么样的人，说什么样的话。

侧写师的工作是面对形形色色的侦查对象，这些人会牵连进案件当中自然就有着异于普通人的个体特征。要想更快地得知对方的信息，分析对方的性格，就要试着运用对方最熟悉的语言，深入了解对方最感兴趣的问题，这是接近一个人的最好方法。

佛罗里达州，周六下午，卫生署与烟草管理部门前往各大超市突击检查，结果发现一种名叫"雪兰"

的香烟最近刚刚在市面出售，经售货员介绍，雪兰香烟比起同档品牌香烟口感更好，还因为包装华丽、价格低而深受市民喜爱。

烟草部门经过查证，发现该品牌香烟并未经过相关部门的登记注册，质量是否过关还是个问题。烟草部门最终决定，暂停该香烟的市场销售。

烟草部门将雪兰香烟带回去化验，一个星期后化验报告出来了，发现雪兰香烟不仅尼古丁超标，而且成分复杂。之所以价格低廉，是因为用其他的材料代替了烟草的原来材料，这些材料价格很低，对人体有极大的危害。

虽然政府下令暂停销售该香烟，可是还是有人偷偷销售。

烟草部门联合联邦调查局展开行动，决定将这一制造假烟窝点连根拔起。

负责这一案件的是波尔探长，他对于打假有着十年的丰富经验。他认为想要揪出幕后的大仓，必须要深入虎穴。

波尔探长首先派人去各大超市调查，了解收货渠道，询问超市营业员，都说从未见过厂家，由老板直接进货。

波尔探长又派人调查超市老板，最终发现，有三家超市老板关系甚好，虽然是竞争对手，可是经常三人聚在一起吃饭。而这三家的老板和其他中小型超市老板关系也很密切，甚至有部分入股。

波尔认为要想破获这起案件，就必须从这三个人下手。他派探员亨利扮成商业大亨，主动接近三个老板。

A老板喜欢打棒球，他每个星期三中午在食堂用膳，下午去棒球场。因为超市采用公用食堂，亨利看见A老板一个人坐，便主动接近他，开始搭讪："嘿！来点什么吗？我知道你，这家超市的一把手，真是久仰。"A老板只是笑了笑，亨利接着说："最近的棒球比赛看了吗？下场山联对虎豹，真是激战啊！"A老板慢慢转过身来："你也喜欢看棒球吗？我几乎每场都看。"亨利说："我从没错过一场，我可是铁杆的球迷呢，下场激战我一定亲临现场。""那你会打吗？我很喜欢看比赛，但我更喜欢亲自实践。"A老板说。亨利奉承道："那您一定打得不错，我的技术嘛，就不是很好了，下次一定要向你请教请教！"A老板说："那就下午吧，今天正好只有两个人，多一个人带劲，下午三点棒球场见。"

亨利接近目标人物成功，下午亨利去赴约，从那以后他与A老板的关系更进一步。两人又相约前去看棒球比赛，观看比赛的时候，A老板问亨利："我们认识也有一个多星期了，还不知道您是做什么的。"亨利答道："我是做烟草生意的，最近帮人运货，一款名叫雪兰的香烟，不知老板可听说过？"

A老板装作不知情地问："什么牌子？销售不错吧？"亨利说："现在政府查得紧，不过我有很多渠道销售，供不应求啊！如果知道这牌子烟的制造方法就好了。"A老板暗暗笑道："亨利，下个星期到我的办公室来，带你见几个人。"

亨利按时去了A老板办公室，见了其他两个老板。B老板是个笑面虎，喜欢别人奉承他。C老板感觉脸很黑，不过他倒是喜欢有主见的人。A老板向其他两个老板介绍了亨利，几个人相谈甚欢。之后A老板说要带亨利看看造烟窝点，之后商讨增产的问题。

亨利与波尔探长通了消息，波尔探长派人紧密部署，追踪亨利的行踪。当他们三个进入造烟窝点，向亨利介绍得津津有味时，警方很快行动，一举捣破了制假窝点，并逮捕了那三个老板。

这起案件历经将近一个月的时间，之所以可以成功破获，是因为：

（1）波尔初步推测这起案件同三个老板有联系，并展开调查，根据他们的制造、出货、贩卖链条，派出探员亨利进行跟踪取证。

（2）亨利利用案犯的兴趣爱好来接近他，久而久之让案犯慢慢地相信他，并谎称自己贩卖案犯制造的商品，引出其他案犯。

（3）亨利谎称雪兰香烟供不应求，案犯想借机增产，最后自投罗网。

兴趣爱好或许是我们的强项，又或许是别人投其所好的突破口。我们要学会掌握别人的兴趣，守住自己的缺口。

（Ⅰ）形态各异的俗语

a. 了解不同层次人的说话方式

社会层次形态各异，包括年龄层次、职业层次、身份层次等，每个层次的人说话方式都有所不同。注意了解这些人的说话方式，对我们交流、变通以及相互间的合作有很大的作用。

我们从一个人的说话方式可以了解一个人的层次：生产线的工人往往说话比较直接，有时候会大声嚷嚷；办公室的工作人员说话轻声细语，有时说话比较婉转；领导说话比较含糊，有时候他给你的指示其实已经在不经意的话语中表现出来。

我们从一个人的说话方式可以了解一个人的性格：一般情况下，说话慢的人性格比较沉稳，他的大喜大悲不愿意表露出来；说话大声的人性格大方开朗，有时口无遮拦；说话声音小的人心态沉静，也许颇有心机。

注意各阶层人的说话方式，对我们突破关卡有很大帮助。

b. 了解不同层次人的爱好

每个人都有自己的喜好，如有的人喜欢宅在家里，有的人喜欢打高尔夫球，有的人只喜欢逛逛街，有的人喜欢看漫画小说。

每个人都有自己喜欢做的事，如果对某件事情特别有兴趣，即使再忙，也会抽个空去做，去满足自己的好奇心。不同层次的人会根据自己的条件和需要来选择兴趣，如老师们因为职业原因喜欢和书本打交道；领导在放松或者洽谈时会选择打高尔夫球；工人们在宿舍无聊时会凑上一桌，打起扑克。

每个人的兴趣不是天生的，是受周围环境影响的。想要利用别人的兴趣，就必须了解别人的爱好。

（Ⅱ）如何投其所好

了解别人的兴趣，学会投其所好，不仅可以使双方更容易彼此接近、互相交流，还可以简单地促成商业合作，是很好的"攻心之术"。

迎合对方的兴趣，要学会主动接近，顺着别人的话说。例如，在第一次与对方接触时要主动搭讪，用简单的话语来了解对方的性格，在对方说自己对某东西偏爱的时候，要学会应和，有正面的评价，这是接近一个人的基本条件。

投其所好切勿莫名其妙。例如，在商业合作中，一方有求于另一方时，想送份礼物来换取合作的条件和帮助。在这之前，先要知道对方负责人的性格，之后打点好与其接触来往的人的关系；真正了解之后，还要通过语言技巧投其所好，并不是你送什么礼物，别人就要什么。

8.

迎合对方的直觉判断

直觉是意识的本能反应，是没有经过思考的结果。直觉是没有经过逻辑运算的，是人对事物的源反应。它表现为某种经过长期以来的习惯，下意识的条件反射。

直觉是最直接的反应，具有迅捷性、直接性，所以它没经过大脑思考就会表现出行为特征。

在平时多注意别人的习惯细节，可以更快地了解他人的性格，掌握他人的行为特征，从而可以更快更好地分析他人的整体素质、职业和层次。

我们要学会迎合他人的直觉判断，一个人对事物的判断最宝贵的是第一感觉的欣赏。侧写师在对案件的分析上认为，人的直觉判断是最准确、最容易相信、潜意识里的认同，是平时习惯造成的下意识的第一行为。

旧金山闹市街头两个星期来发生多起抢劫案，由于地点是在人多的地方，劫匪抢劫之后窜进人群中就不见了，警察为了保护群众也无法开枪追击。

几个受害者一致认为劫匪大约有三个人，穿着运动衣，戴着墨镜和鸭舌帽，三人高矮肥瘦都差不多，只是看不清他们的具体样貌。

看不清劫匪的样貌，哈姆探长很伤脑筋。要想抓到三个劫匪，唯有等他们再次犯案。

哈姆派人加紧闹市区的巡查，并紧密部署。果然，在红绿灯街口，三名匪徒又开始作案，抢了一个中年妇女的皮包之后，拔腿往不同的方向跑去。哈姆跟在一个匪徒后面追，匪徒窜进人群里突然不见了。哈姆仔细观望，看到一个穿T恤的男子，手上还搭了一件运动衣，身材和匪徒差不多。他看见警察，下意识地把运动衣捏紧许多。于是哈姆照例过去询问："嘿，运动衣哪里来的？"男子突然回过头推了哈姆一下，之后拔腿就跑。哈姆追去，抓获该男子。事后审问，该男子并非劫匪，而是刚刚在商场偷了一件衣服，见到警察心虚，所以就跑了。哈姆笑道："本来想抓抢劫的，没想到抓了个小偷。"

言归正传，抢劫案还在继续，市民的安全再次受到威胁，哈姆感到很大的压力。

哈姆决定将街道所有的闭路电视录像带回警局，一一查看。最终发现有三个戴墨镜的男子从不同的方向走向同一个目标，一个抢了包就跑，另两个就在两头喊，从而引起市民恐慌骚乱，可是样貌还是看不清。

哈姆初步有了线索，派人分别封锁街头的三个方向，等待匪徒作案。

经过一个星期的耐心等待，匪徒终于又按捺不住，再次犯案。

果然，匪徒的作案方法还是一样，没有改变，三个人走向目标，之后朝着不同的方向跑进密集人群。警方每次追到这就断线，好在哈姆派了几队警员分别把守三个街口，只要耐心地依照匪徒的特征检查，肯定会找到匪徒。

哈姆在A街口发现疑似匪徒的男子，走过去问："你和谁一起上街的？"该男子吞吞吐吐："我一个人，刚好路过。""今天没什么太阳，干嘛戴着墨镜？"哈姆问。"今天本来是去看眼睛的，眼睛见光就刺得痛，想看看到底怎么回事。"男子一边拿下眼镜，一边半遮着眼睛。哈姆接着问："你眼睛有事吗？"男子有点紧张，手下意识地准备伸进裤子口袋里。哈姆突然发现他裤子口袋里有个尖尖的东西印出来，既不像钱包，也不像身份证，他没等男子将手拿出来，就赶忙将他按住，男子挣扎着，几名警员扑上来一起将他制伏，原来他就是其中一名劫匪，刚才手伸进裤袋里，是准备拿匕首。哈姆押着该男子到其他街口，一举将其他两名劫匪抓获。

哈姆可以成功抓获小偷及三名匪徒，主要是因为：

（1）在搜索劫匪的时候，哈姆看出小偷有逃避的直觉，所以主动上前询问和诱导，小偷马上露出了破绽，最终哈姆偶然抓获该名偷窃犯。

（2）在盘查劫匪的任务中，哈姆对劫匪的直觉反应做出判断，捕捉到对方的第一行为，并在劫匪拿出凶器之前将其制伏。

直觉是下意识或已经习惯了的行动，是最直接的行为，是最准确的判断。案例中的探长就是抓住劫匪的惯性动作而及时地对劫匪采取了应对措施。其实，在生活中，我们可以通过谈话，诱导他人表明他们的直觉判断。

（Ⅰ）看清他人的直觉

a. 直觉对于对方的影响

在生活和工作中，一个陌生的环境，需要我们利用直觉做出最感观的判断，直觉判断给我们的生活和工作带来了初步的认识。

在刚刚和他人交谈的时候，我们需要通过对方的衣着、样貌、言行举止来进行判断，依靠他们的直觉表现来推测他们的性格、阶层甚至人品。

b. 判断他人直觉内容

反过来，根据对方的基本特点，我们也能事先判断出他们的直觉反应内容。

例如，通过老板一向细心严谨的工作态度，当你看见新同事出现某项错误的时候，你就能预测到老板对此会有何直觉反应。如果你及时把老板的直觉告诉同事，就可以提醒他注意改变，并规避后面的问题。

（Ⅱ）如何迎合他人的直觉

在生活和工作中学会迎合他人的直觉是很重要的，这样不仅可以进一步促进交流，更可以让我们找出相应对策，采取措施。

迎合他人直觉必须要注意：找出对方直觉的突破口。了解他人直觉判断所带来的信息之后，也要清楚自己的目的，在谈话中给予对方直觉中想要知道的内容。

例如，客户听说产品涨价，直觉就是你的公司又要"敲他一笔"。那么，针对这样的直觉，你应该在他开口抱怨之前就予以解释，从而把问题消弭在发生之前。

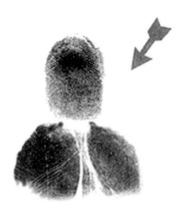

侦破对手的真实想法

——侧写的目标在于挖掘掩藏的真相

1.
潜意识不能被精神强迫

心理学家弗洛伊德曾经用海上冰山来形容人们的潜意识，将它口语化解释就是说，浮在海平面上看得见的一角是意识，而隐藏在海平面以下看不见的更大的冰山主体便是潜意识。意识是人们较明显的认知世界的大脑思维活动。潜意识是不明显、不表露在外面的大脑认知、思想等活动。

意识和潜意识，都是人类一种正常的心理活动所表现出来的，是无法被掩盖和涂抹掉的，它们具有超强的记忆储蓄功能，就像一个巨大无比的储蓄仓，储藏着人生所有的认知和思想感情。如果一件事情你做过，那么你的潜意识也会牢牢将它吸纳在储蓄仓里，帮助你记忆和认知事情，你磨灭不掉，也替换不了。因此，当侧写师想说服的人试图掩盖自己的行为和想法时，这个人也许能够尽量控制自己一系列的表情神态，表现得十分从容，但却无法控制自己的潜意识，潜意识下的动作和思想就可能会出卖他。

陈警官正在超级市场与太太购物，突然接到警讯："某某超级市场遇到纵火嫌犯，怀疑身穿蓝色 T 恤、牛仔裤，正在逃往大厦 C 口"。

陈警官接到警讯后，立刻冲向离自己最近的 C 口寻找目标，当他发现一名身穿牛仔裤和蓝色 T 恤的男人低着头正匆忙走向 C 口时，立即用手中的呼叫器提示工作人员拦截超级市场 C 口通道，召集警卫来 C 口帮忙，并迅速尾随其后，想一探究竟。

只知道衣着与嫌疑人相似，行为举止比较胆怯，陈警官想如何才能确切逮捕目标而不打草惊蛇呢。陈警官突然想到利用犯罪嫌疑人的犯罪心理，用潜意识的反应去判断放火事件与其是否有直接的联系。

于是，陈警官大声朝着嫌疑犯的方向喊："就是你！别动!"

男人头都不回地撒腿就跑。陈警官等人一拥而上将他拿下。

在审讯室，陈警官与嫌疑犯面对面坐在刺眼的灯光下，似乎这高强的灯光可以照穿人心。陈警官严肃地问："为什么在超级市场放火?"嫌疑人十分惊讶，并十分镇定地说自己没有放火。但坐在审讯台上的他，却一直处于心不在焉、眼神恍恍惚惚的状态。

两分钟后，一名警员走进来递给陈警官一张纸条："半个小时前，在超级市场 4 层发现一名女死者，初步判断是被人用双手掐住颈动脉，供血不足导致死亡。"陈警官抬起头看着眼前的青年人，青年人始终心不在焉，双手十指交叉，眼神却始终在自己的两只手上。陈警官突然明白了一切事情的缘由。陈警官立刻站起身来，迅猛地扯出青年人的一只手，攥住他的手腕，轻声说："你想让我拆穿你的这双手的罪行么？"青年人拼命挣扎，试图摆脱那铁一般的掌心，并失去理智地不断重复着："我不是有意的，我不知道我的力气太大了……我真不是有意的……她不听话……我没想到力气这么大……我真的不是……"

（1）其实用这么短的时间把握嫌疑人的心理很简单。事情发生得十分巧合，陈警官在抓捕纵火的嫌疑犯时，正巧碰到刚刚行凶的蓝衣青年。陈警官虽然误以为蓝衣青年是纵火事件的嫌疑犯，但他的思维方式是正确的，他利用犯罪者的犯罪心理和潜意识的本能反应，得出此人存在问题。那句"就是你！别动！"有力地控制住了嫌疑人的心理障碍，嫌疑人会潜意识地认为这句话就是在叫喊他，所以才会立刻逃跑，这也是他的一种本能行为。

（2）青年人因为自己的不理智导致了自己女友的死亡，十分害怕，他自身的潜意识已经将他的犯罪行为吸纳在了记忆储蓄仓里，因此他的神经高度紧张，当听到有人叫喊时，潜意识会帮他挖掘记忆，提醒他犯了罪。又因为自己用双手掐死了自己的女朋友，因此在审讯过程中，青年人虽然假装镇定，但总是潜意识地盯着自己的双手，害怕露出破绽。

（3）之后陈警官得知超级市场中有一名女遇害人，根据蓝衣青年人在审讯时的本能反应，或者说他的潜意识举动，陈警官当机立断地判断，眼前的嫌疑犯可能与纵火事件无关，与谋杀事件有直接联系。于是再次利用犯罪心理，发掘嫌疑人的潜意识，使他显露破绽。

在生活中，在我们的交际圈中可能会有各式各样性格的人。想了解一个人或者一件事最真实的一面，是非常困难的，因为每个人都可以控制自己的行为举止，甚至细节化到表情神态，以此掩饰自己内心的恐惧慌张或者其他心情。但潜意识是每个人最无法克制的事情，很多时候唯一的办法就是通过一个人的潜意识去了解他。那么如何才能让一个人的潜意识发挥作用呢？

（Ⅰ）潜意识会不自觉地泄露出来

当你想确认一个人的心理活动时，通过语言，可以激活他的潜意识，通过他潜意识的本能反应，来判断他的所有心理活动。因为每个人做过的事情，都会被自己的潜意识所记忆。潜意识也是不能被精神所强迫的，它是一种根本上的最真实的反应。因此想要得到真相，或者达到某种目的，根据潜意识不能被精神强迫这一原理，加以言语的刺激，可以有效地说服控制你的目标。

a. 潜意识是人的一种与理性相对存在的本能

潜意识是人的一种与理性相对存在的本能，是人们存在的一种固有的动力。在适当的条件下，这种潜意识可以升华成为人类文明的原始动力。这种潜意识虽然看不见摸不着，却一直在不知不觉中控制着人类的言语行动。就像有人看到喜欢的东西，就会下意识地用某个眼神停顿在这个物体上一瞬间。这就是我们所说的本能反应。

b. 潜意识受"八大刺激源"左右方向

潜意识不受精神强迫，但潜意识受欲望、音乐、友情、盟谊、自我暗示、恐惧、对神经刺激的物质以及曾经受过的折磨苦难的影响。案例中的青年人就是因为受自身的恐惧与潜意识的自我暗示所影响，在正常的环境下，无法掩饰内心的恐惧，潜意识会暗示他所做的事情、所犯的罪行。潜意识会受上述因素影响，并且是用精神强迫不来的。

（Ⅱ）通过潜意识掌握真实信息

利用他人的潜意识，用言语刺激，达到我们自身想达到的目的。一个人对某件事物拥有自己的潜意识时，他是脆弱的，或许说容易被言语控制的。由于他的潜意识在发挥作用，你可以通过一些语言的刺激，去观察这个人的本能反应，这是最好的说服控制的时机。因为潜意识不能被改变，它只会被情绪左右。因此利用潜意识去观察人的内心活动，是最有效的方法。

（Ⅲ）潜意识发挥作用时行为神态会发生变化

当潜意识发挥作用时，人们常常有意无意地做出自己可能无法避免的行为，因为在那个时候每个人的肢体已经不再受大脑所控制，而是被自己的潜意识控制。例如，当一圈人围着看一件人为的意外时，你面向人群大声说出："我知道是谁做的了！"凶手如果还在现场，那么他的潜意识会本能地做出反应，后退一步，想快些离开现场。所以当你处理事件时，要学会判断一个人的行为神态。

2.
让对手进入过度紧张或过度放松的状态

　　紧张与放松是人的两种精神状态，日常生活中人们时时刻刻都在经历这两种精神状态。你肯定无法想象，人们的过度紧张或过度放松是最危险的两种状态，印度伟大的哲学家奥修曾经详细地分析过紧张与放松这两种精神状态。普通人处于紧张的状态时，有时会大脑错乱，不知所措，甚至语无伦次。

　　当一个人处于过度紧张的状态时，他的思维能力会下降，无法理智地做出判断。这是打破一个人的心理底层防线的最佳时机。很多人会质疑过度放松怎么会使人进入危险状态。一个人放松时，无论大脑和思绪都会比较清晰，但不可避免的是人的警觉性会放低，没有自我防备。这时很容易使一个人吐露自身情感或者秘密，因此这是我们进入一个人思想的最佳时机。

　　如果侧写师想要了解某个人的思想或者他隐瞒的事情，最常用的办法就是让他进入过度紧张或放松的状态。

美国洛杉矶一家警察署，被称为美国最有效率的警察署，据说凡是被逮捕的犯人进入审讯室后，都无法全身而退，审讯员总是可以很快地得知真相。这是为什么呢？约翰是一家报社的记者，一天他来到这家全美破案最有效率的警察署做访问，正看到审讯长沙克审问犯人，约翰急忙向门卫了解了情况。原来，审讯室里的中年男子亲手将自己的哥哥从 17 层高的大厦顶推了下去，当场死亡。

　　约翰从后门进入审讯室，突然觉得审讯室的冷气很足，让人刹那间感觉到精神，他慢慢走到中年男子背后的黑暗中，双手弯曲抱在胸前倾听着审讯。只见沙克从背后大力地甩出一张死者的照片。毫不夸张地说，约翰感觉照片上都是鲜血。随即沙克大声地呵斥道："你信不信你哥哥就站在你身后要向你索命！"中年男子十分紧张，双手在腿上不停地摸，嘴里说着："都是他的错！不不，跟我没关系，我没有杀他。"显然中年男子已经紧张得语无伦次。

　　"你知不知道杀死至亲，是不得好死的，日日夜夜不得安宁。"沙克低沉的声音十分吓人。中年男子已经开始坐立不安，表情呆呆木木。"你当日去了哪里？干了什么？什么时间？有谁可以作证？说！"沙克继续问道。中年男子语无伦次地回答着沙克的问题。"你到底是去了茶餐厅还是大厦楼顶？"中年男子的回答与第一次的笔录出入越来越大！沙克反复拍着桌子，大声地呵斥："再说一遍！"

中年男子脸色愈加苍白，双脚交叉在凳子下来回摩擦地面，连手也开始颤抖。终于他崩溃了，双手捶着自己的胸口，大声哭喊着认罪了："如果他不那样对我，我不会杀死他。我没想到他真的不帮我。"突然间，约翰得到了一丝答案。

约翰走出审讯室，看到一个市区小混混坐在一个桌子前面，面前放着一杯咖啡，一位看上去十分亲切的审讯员正在与他攀谈。约翰上前了解了情况，得知他们正在进行审讯。眼前这位红发男孩是××帮派的小弟，平时是帮上头散货（毒品）的。

"你这个年龄，为什么不去上学？"审讯员温和的语气透着好奇。

小男孩答道："我从小是跟妈妈一起长大的，家里一直很穷，根本没有钱可以供我上学。为了不给我妈妈增加负担，我一直都在社会上打工。"

审讯员进一步问道："你很疼爱你妈妈，那为什么前天把你妈妈从××公寓送到乡下？城市的生活不好么？"

小男孩喝着咖啡，漫不经心地回答道："公寓那边马上就不安全了！"

审讯员思考了一下："那边治安没什么问题啊。"

小男孩低着头："这不是治安的问题。"

审讯员立即站起身，让旁边的督察员把小男孩带到了监控室，并且下令："监视××公寓，近期会有大的交易。"

（1）其实被称为全美国破案效率最高的警察署绝非浪得虚名。当约翰走进审讯室时，觉得冷气很大，这不是意外，这是沙克特意嘱咐的，使犯人在审讯室的时候能够高度集中精神。

沙克想利用犯人紧张的状态，击破他的精神防线。他甩出死者的照片也是为了刺激犯人，一句"你信不信你哥哥就站在你身后要向你索命"更是使犯人越来越紧张，达到使犯人过度紧张的效果。

犯人过度紧张，因此总是不记得之前的供词，变得语无伦次，最后使自己崩溃了。

（2）第二个审讯跟第一个截然相反，不仅没有过分的冷气，还有一杯热咖啡，这种待遇简直就像咖啡厅闲聊一样，小男孩已经忘记与他闲聊的对象是一名审讯员，自己也进入了一种过度放松的状态。在闲聊中，审讯员有意无意挖掘信息。然而小男孩却无意中透露了许多重要信息。一个人在正常状态下很少出现纰漏，而小男孩进入了过度放松的状态，意识不到自己是否透露了信息。

紧张或放松只不过是我们日常生活中的一种状态，很多时候我们在这两种状态下可以做出很多我们无意识控制的事。当我们与人交谈或者调查事情时，想要得知真相，我们就要学会给对方制造过度紧张或过度放松的状态，准备好足够的条件，再加以言语的刺激。例如，在制造紧张的气氛时，我们的言语就不能太和缓，不能给对方制造自我调整的机会，所以交谈应该严厉。在放松的状态时，我们在轻松的环境中，要适当运用平易近人的语气来沟通，使对方愈加感到轻松，这样对方才可能在不经意间透露信息。

（Ⅰ）学会制造过度紧张与过度放松的状态

一个人的紧张与放松跟环境有着相当大的联系，可以说环境是决定一个人是紧张还是放松的基本因素。

a. 过度紧张

想让一个人进入过度紧张的状态，首先要想办法集中他的精力，开放冷气是一个不错的集中人们精力的方法。在与他交谈中，制造过于安静的环境，或者在房间里多放一些刺激性的摆设。人们受到刺激后，一般会心生恐惧，进入一种过度紧张的状态。

b. 过度放松

过度放松和过度紧张是一样的道理，想要一个人进入过度放松的状态，首先就要想办法制造一个轻松舒适的环境，分散他的注意力，如一个咖啡厅，放一首轻音乐，泡杯咖啡，舒适的软座。这样的环境会使一个人身心放松。

（Ⅱ）注意自己言语的力量

除了环境因素外，能让人进入过度紧张或放松的状态另外一个不可缺少的因素就是言语的力量。一个人的紧张与放松跟语言有着相当大的关系。

　　想让一个人进入紧张的精神状态，那么没有言语上的刺激是根本不可能的。如果一个人已经因为周边的环境而集中精力，那么此时，你的言语一定要进一步刺激他，如让他紧张的人或事，都可以成为你刺激他的武器。

　　想让一个人进入放松的精神状态，那么言语上要婉转，酌情适量，最重要的是说话时态度要温和，如可以投其所好，就他们的兴趣而谈，让他们放下戒备心，用闲聊的方式使他们进入过度放松的状态。

3.

表情控制，总会晚一秒

人类身体上每个器官都有它存在的价值或者缘由。就像人的五官，每一个都有自己的用途，有时候它们不只是帮助我们生存的工具，还是帮我们传递情绪的信号。一个人的情绪一般会通过他身上的器官来传达，并且这些器官都有自身存在的真实感。

虽然，每个人都能控制自己的表情，甚至可以收放自如，但并不代表别人就看不出丝毫的漏洞。尽管表情可以控制，可以隐藏，但永远都会有一秒钟的过渡期。表情控制，总会晚一秒，这是心理学的真理。也可以说，即使你有再高超的演技，或者再强的控制能力，在你有意去控制表情时，也会有一秒钟的过渡期。这一秒你可能没有察觉，但却是无法忽略的。

因此，当对手试图控制自己的表情来遮掩心情时，侧写师不会担心自己被欺骗，因为他们知道即便是再厉害的人，也逃不出那一秒钟的真实。

某日下午 3 点左右，一对夫妇来到警察局。女人一边哭泣，一边跟警官诉说着案件的由来。男人焦灼地站在一旁抢着说，他们有一个 7 岁的儿子，在一天前失踪了。两人很着急，在 24 小时后来报案。

"一般的父母很少知道自己的孩子没回家，可以忍过 24 小时才来报警的。"一位警官镇静地询问。

女人站在一旁发呆不语。

"都是她！她死活不让我来报警！非说孩子可能去哪玩了！要不不可能现在才来！"男人十分生气，指着女人怒斥！

大卫警长在一旁看着夫妇。

两天后，小男孩的下落没有丝毫线索。大卫警长想到那对夫妇来报案时的情景，决定对女人再录一次口供！

大卫警长一个人坐在监控室中，表情严肃，双眼紧盯监控画面，手持着遥控器，不停地按着回看键。他身旁站着的几个警官同样目不转睛地盯着监控画面。

女人表情十分平静地说着自己儿子的失踪经过，平静得使大卫警长感到奇怪。于是大卫警长决定试一试女人是否真的有问题。

"我们已经得知您儿子的下落！"大卫警长低沉地说。

女人愣了一下，然后焦急且兴奋地说："在

哪里?"

大卫警长一直反复回看这一段,突然分别定格在了两个画面上。

"你们看看,有什么问题?"大卫对着身旁的警官说。

一个警官小心翼翼地说道:"这完全是两种表情,前者是惊讶甚至有点惊慌,而后者是兴奋和焦急。"

剩下的人异口同声地说道:"她在掩饰!"

通过两个表情,大卫判断出,这起失踪案件与这个母亲有着莫大的联系。经过反复的审问和推敲,大卫终于知道了真相。这个母亲十分幼稚,她认为自己的丈夫对她越来越不好,于是想要与其离婚,但又不敢提,因为她知道孩子是最大的原因。因为经济条件等她可能无法获得抚养权,所以就将孩子藏了起来,让人误认为自己的孩子无故失踪了,过段时间再与丈夫离婚,然后带着儿子离开本地。

(1)一个人的表情有时是在无意识的时候流露出来的。当这对夫妇来报案时,女人的态度显然有问题,虽然同男人一样着急,但当男人指责她时,她却自己无意识地发呆。这不是一个母亲丢失儿子的正常反应。这使大卫警官很快看出了端倪。

(2)在录口供时,大卫警官用已经得知孩子下落的话来试探女人是否真的有问题，这个女人掩饰得很好。大卫警官当时没捕捉到她的神情变化，但大卫警官经过反复回看当时的监控录像，终于发现女人在兴奋和焦急前一秒有着明显的变化，虽然只有短短的一秒钟，虽然当时没有被大卫警官注意到，但却被摄影机捕捉得一丝不差。

表情是传递一个人心情的信号灯，当然很多人认为这样的信号灯是可以被我们自身控制的。的确，一个人的表情是被自己的大脑所支配的。就像发愁的时候紧皱眉头，喜悦的时候上翘嘴角，这些就好像生活惯例一样。

想要熟悉一个人的内心活动，不仅要"阅读"一张脸，还要注意表情的微妙变化。有人认为，脸上的五官只要自己控制好，就不会露出马脚，其实不然。当一个人听到一件事情时，内心很生气，但是，他为了掩饰他的内心，故意做出开心的表情。在这一系列行为中，从真实的感受到虚假的掩饰就算是个演技高人，也会有一秒钟的过渡时间。这一秒钟虽然很短暂，虽然很多时候都可能从我们的眼中溜走，但逃得了肉眼却逃不过机器，无论如何这一秒确确实实存在。无论一个人有多么强的自控能力，从他的大脑中枢神经传达命令，到履行动作，都会有一秒钟的时间。

抓住这一秒钟，真相就会靠近你。

（Ⅰ）迫使他人去掩饰

当你想要知道一件事的真实情况，想要去挖掘真相时，首先就要为你怀疑的对象制造陷阱，看他是否会掩饰自己。一个人只要掩饰自己，那么就证明他一定有不想袒露的秘密。

（Ⅱ）一秒钟内表情观察

表情是每个人自身的神情，每个人都可以收放自如，甚至掩饰。但我们应该清楚，就算自己掩饰得再好，这都需要一个过程。一个人的大脑通过中枢神经传达命令，到自己去实行，总需要一秒钟的时间去过渡。我们要做的就是仔细观察这一秒钟的神情改变。

眼睛：都说眼睛是心灵的窗户，所以眼神骗不了人。看一个人的眼神变化，可以分辨出他内心的变化。眼神瞬间的闪烁、呆滞都是问题。

嘴巴：除了眼睛，嘴巴也能反映一个人的心态。当一个人从高兴到生气时，随着心情的转变，嘴角也会发生变化，如从上翘瞬间变平，这些都可能说明问题。

鼻子：鼻子可能是很多人意想不到的，有时候鼻孔的扩张代表一个人处于紧张的状态，所以不要忽略鼻子的变化。

眉毛：眉毛虽然可以修，可以画，但仍然改变不了它传达内心的作用。谁也不能说眉毛紧皱是高兴的表现。

4.
身体不会说谎

　　美国著名心理学家艾伯特·赫拉别恩曾提出过一个公式：信息交流的效果 ＝7% 的语言 ＋38% 的语调语速 ＋55% 的表情和动作。一个人 55% 的真实情感都是凭借表情和动作来传达的。玛莎格瑞姆大师也说过一句名言——嘴巴会说谎，身体不会。也就是说，在你了解一个人时，你可能被他的言语或者态度所迷惑，但他的肢体是不会骗人的。动作是人的心理最真实的表现，是最不会说谎的。人动作的轻重缓急与内心力量的强弱和控制息息相关。

　　侧写师能从一个不经意的动作中，侧写出对方主要的心理活动。以最常见的敲门这一动作为例，敲门的强度、节奏、时间等，就能透露出这个人的内心，能从侧面反映一个人的性格、此时的情绪等。假如一个人内心很焦急，他肯定不会慢条斯理地敲门，肯定是敲门声特别响亮，这是从敲门的强度上来说的；从敲门时间的长短来说，如果一个人敲了很长时间的门，就是不见有人来开门，他也不急不恼，一般情况下说明这个人的意志力比较强，做事不折不挠，但也可能偏于固执、不善变通；从节奏上说，均匀地敲两三声，一般表示这人有良好的修养和习惯，在平时也非常懂得自律和自我控制。

我们的身体会"讲话"，这说来肯定很多人都不信，但事实就是这样。肢体形式的运用使多样的情感同时并存于动作中而不互相冲突。我们的语言可能会说谎，而我们的身体却不会。

李警官假期带着孩子去公园游玩，回来时路过××超级市场，看到超级市场门口有一群人围观。李警官走过去，看到人群中央一位身穿制服的女人，应该是超市的收银员，正在与一名老婆婆争执，很多人在旁边指指点点。

"东西就是偷的，这么大的年纪还这么不老实！"收银员凶神恶煞地吼着老人家。

"真的不关我的事，我没有偷东西呀。"老婆婆胆怯地低着头，连忙摆手。

旁边还站着一个男孩，十七八岁的样子。男孩一直在帮老婆婆辩解，但男孩始终站在离老人家半米远的地方。李警官看到这一画面，认为这个男孩和老婆婆应该毫无关系。

李警官了解了情况后便上前出示了警察证件，"我是警察，发生了什么事？"

男孩立即退后半步，表情僵硬，并说："警察来了，太好了!"

李警官考虑到围观群众太多，将老婆婆、收银员和小男孩带到警察局，做了笔录。原来收银员在收银时，发现老婆婆篮子里有一个新款的电子词典没有交钱。老婆婆一口咬定那不是她拿的。

当李警官为小男孩录口供时，却发现男孩双手不断地摩擦，眼神很呆滞。

"东西是你拿的？为什么要去超市偷东西，栽赃给老婆婆？"李警官平静地问。

"我没有!"男孩很坚决地否定了李警官的话，但身体却明显颤抖了一下，双手继续不停地搓，头也越来越低。

其实李警官已经很清楚了。李警官打电话联系了男孩的父母，不久他的父母到了警察局。男孩看到自己的父母一下子情绪就崩溃了，流着眼泪说出了事实。

男孩家里条件很不好，但他学习十分刻苦，前不久班主任向班上的同学说，希望他们能各自准备一个电子词典，因为马上就要英文大考了。一个星期内，班里所有人都有了自己的电子词典，只有这个男孩没有，他才想到去超市偷一个。但在收银口却害怕被发现，后悔了，可又不敢放回去，正好看到老婆婆经过，想都没想就将电子词典放进了老婆婆的篮子里。但他刚准备出去时，看到收银员在跟老婆婆争执，看见老婆婆被收银员污蔑，于心不忍，才决定为老婆婆说话的。

（1）其实当案件发生时，男孩没有离开，始终帮老婆婆说话，这并不值得人怀疑。但奇怪的是，男孩说不出为什么他肯定老婆婆没有偷东西。如果他没有看见，那么为什么只有他这么坚持，原因只有一个，他可能是老婆婆的亲人。也许许多旁观者都这么认为，但李警官一眼就辨出男孩跟老婆婆半点关系都没有，虽然言语很心疼老婆婆，但从始至终，男孩没有亲近老婆婆，始终站在离老婆婆半米远的地方。他的这种举动，只能证明一点，他与老婆婆并不熟。

（2）当李警官向当事人出示证件时，小男孩虽然嘴上感到庆幸，终于有警察来主持公道了，但身体却本能地向后退了一步。这证明他嘴上在撒谎，自身难免有些慌张，甚至有离开现场的意念，这也是李警官要带男孩回警察局的主要原因。

（3）李警官走进审讯室时，虽然小男孩表情十分镇定，表面看上去完全没有值得怀疑的地方，但他的双手却一直互相摩擦。这在心理学上有两种解释，一种是当一个人处于紧张状态时会不自觉地搓手；第二种是当人处于恐慌中时，下意识地搓手来寻找慰藉。

（4）当李警官为小男孩录口供时，小男孩虽然坚决否定是他偷窃并且嫁祸，但他的身体不自觉地颤抖了一下，证明他被李警官的推断吓倒了，并且因为被说中了，所以感到十分害怕。

在生活中，必然会存在谎言，没有人可以做到不撒谎。那么如何才能从谎言中找到真相呢？最好的办法就是从肢体行为中寻找答案，还是那句话，人的身体是不会撒谎的。当一个人撒谎时，也许语句圆滑，表情诚恳，但肢体行为是不受大脑控制的，是受心理控制的，能传达一个人最真实的心里反应。有时是无意识的举动，有时是下意识的举动，无论是哪一种，都可以证明，人的身体是最不会撒谎的。有时候一个人的习惯性的小动作就能突出一个人真实的性格或者优、缺点。然而想要接近真相就要学会观察一个人的肢体行为。说话时，一个人刮刮鼻子，抓抓后脑勺，咬咬嘴唇等，都是身体语言，每一个动作都有它独到的意思。学会分析它们的意义，就能很好地掌握对方心理。

（Ⅰ）与人攀谈时读身体语言
注意一个人的肢体行为，了解身体语言。

我们通常与人攀谈时，不仅有语言行为和表情行为，还有肢体行为。有人会奇怪地问：聊天怎么与身体有关呢？其实，身体是有语言的，每一个肢体行为都有它可以分解出的含义，并且是百分之百真实的。因为身体不会撒谎。以下是对肢体行为的分析。

a. 头部

在攀谈中，一个人突然低下头，这是一个下意识的不敢面对自己所说的话的表现。这种行为一部分是逃避的表现，还有一部分代表他在思考或者在想办法圆谎。

b. 脖子

喉结是脖子中最重要的部分。在交谈中，一个人下意识地咽口水，喉结嚅动，是极度紧张的表现。

c. 手

下意识刮鼻子：代表一个人说话时不确定，甚至在说谎隐瞒真相。

用手捋头发：代表一个人想掩饰自身的慌张。

双手相互揉搓：是标准的寻找慰藉的表现。

用手抓后脑勺或摸脖子：代表一个人对自己所说的话感到不确定，或者正在想办法。

双手与大腿摩擦：是一个人急躁和紧张的表现。

d. 脚

双脚悬空摆动：是一个人放松的表现。

双脚交叉与地面摩擦：是一个人紧张，寻找精神寄托的表现。

向后退步：自身可能存在恐惧，代表一个人有想离开的意念。

（Ⅱ）学会判断每个人的身体行为习惯

不是所有人的行为习惯都是一样的。不同的性格有不同的习惯动作，因此很多事情不能一概而论，要学会因人而异。

例如，喜欢眨眼的人可能心胸狭隘，不太容易信任他人。如果想和这种人进行交涉或合作，最好直截了当地说明。

又如，喜欢盯着别人看的人可能警戒心很强，不喜欢表露自己内心的情感，所以要获得对方的认同或合作，就要避免过度热情，甚至玩笑也不要开。

还有喜欢提高音量说话的人，多半是自我主义者。他们对自己很有自信，赢得这种人的认同与合作需要适度奉承。如果你自己的性格不喜欢这种行为，那么只能和这种人划清界限。

一坐下来就跷腿的人充满企图心与自信，而且有行动力，他们可能是比较好的合作伙伴。而边说话边摸下巴的人通常个性谨慎，警戒心也很强，要做好说服他会进行得艰难的思想准备。另外喜欢将两手环抱在胸前的人做事非常谨慎，坚持己见，但他们行动力强，所以如果能巧妙说服，他们也会成为很好的合作伙伴。

5.
无意识暴露真相的身体语言

身体语言也是不能一概而论的，身体语言分为有意识和无意识两种，就像我们做一件事情也分有意识和无意识两种情况，不是做每件事都是有意识的，也不是所有事情都是无意识的。无意识是我们察觉不到的身体行为。这种无意识不是为了寻找慰藉，而是一种不经大脑神经、身体自发的行为。例如，有人在撒谎时总会不经意地眨眼，这种眨眼现象是这个人本身都没有注意或者不知道的。那么眨眼就是一种无意识的身体语言，也是这种无意识透露了这个人在撒谎。

当一个人没有意识地就有了某个肢体行为时，就代表他在没有意识的情况下，身体已经透露了真相。真相可以被语言修饰，被表情掩盖，但它一定会被肢体无意识地暴露。身体不仅不会说谎，还会无意识地揭露真相。侧写师往往能通过对方的肢体行为，了解对方的真实感受。

皮尔斯在办公室向下属发着脾气，办公室外的职员都在议论纷纷，原来6月18日市中心发生的抢劫案一直到9月底还没有一点头绪，上头一直密切关注这件抢劫案，毕竟发生在美国市中心，这实在是件扰乱人心的事。皮尔斯是该案件的直接负责督察，已经近三个月没有一点进展，皮尔斯警长实在无法忍受下属的办事能力，在办公室大发雷霆。最后他决定亲自上阵，调来了所有嫌疑犯的口供录像带，在监控室一一回看。

将近10个嫌疑犯的口供，都十分完美，没有找到任何突破口，无法判断谁在说谎，谁有问题。于是皮尔斯决定再看一遍，这次并没有注重他们的供词，而是着重看了他们的身体。皮尔斯冷静地说："集中精神观察每个人的身体语言，我不相信身体可以帮助他们瞒天过海。"

一个身穿夹克衫、极度斯文的男人，冷静地坐在审讯室中，在画面中平静地叙述着当日他的行程及时间证人。皮尔斯突然起身，并且大声地喊了一句"快！停止！"画面定格在了男人的上半身。"放大！"皮尔斯对着身旁的警司说道。画面被无限放大，停留在男人的脸部。"有没有看到什么？"皮尔斯胸有成竹地向身边的人提问，但却发现旁边的警司毫无反应。"再放大！"皮尔斯继续说。画面又被放大，停留在男人的眼球上。监控室所有人都目不斜视地盯着屏幕。"他的瞳孔竟然放大了两倍之多。"一个站在最前面的警司诧异地说着。

"这个人在说谎!"皮尔斯回放着男子之前的画面,并肯定地说!

于是,当天下午就把这个男子重新传到审讯室,接受皮尔斯的审问。"我都清楚了你只不过是这团伙中的一分子,你已经逃不掉了,何必自己扛呢?交代出所有人,你可以得到减刑。"男人咬了下嘴唇说:"我不知道你在说什么。""不!你比谁都清楚!"皮尔斯平静的语气中带着一丝诡异。

终于男子受不了了,牢固的精神防线一次又一次地被自己无意识的举动所暴露,最终崩溃,全盘托出。

(1)在抢劫案中,警方审问了将近10个嫌疑犯,每个人的口供都完美得无懈可击。但当皮尔斯亲自参与案件时,发现一名男子在录口供的过程中说到一句话时,摄影机捕捉到他的瞳孔放大了两倍之多。这是男子自身都无法察觉的举动,同时也是一种无意识的暴露真相的身体语言。正是因为这一细节,才使皮尔斯确认这个男人在说谎。

(2)当皮尔斯亲自审讯这个男人时,面对面的审讯更利于皮尔斯得到有利的信息。当皮尔斯决定试探这个男人时,男人咬了一下嘴唇,这也是男人无意识的行为,他可能无法察觉自己做了这样的一个动作,但这个动作却说明他内心已经动摇了。然而皮尔斯正是看到这一举动,才更加确定男人很快就会彻底动摇。

当一个人在与人攀谈时，语言可以经过修饰处理，立场可以模糊，这些都可以很好地遮掩自己的初衷，但身体语言则不同，人的肢体动作是通往心里的一把密钥，看懂了这些肢体语言，将有助于我们看懂人生的是是非非。

身体语言可以分为两种，即有意识和无意识。无意识的身体语言可以传达什么信息呢？例如：眼睛和嘴巴张大，眉毛上扬，就代表一个人很惊愕；害羞的表现就是脸红；一个人在愤慨或者向他人挑衅时，就会皱眉头，昂首挺胸，并且紧握拳头；一个人皱起眉头或眯起眼睛，就是在深思问题或者极力想解开疑惑。

心理学教授海斯博士发现，当一个人看到了喜欢的事物时，他的眼睛就会无意识地睁大。例如，一个古董收藏家搜集到一款精品，或一个集邮迷得到一枚梦寐以求的珍贵邮票，他们的眼睛就会比平时睁大许多倍；一群人聚在一起打麻将时，有人摸了一张牌，眼睛突然亮了一下，这时，基本就可以断定他摸了一张好牌。这些都是一个人无意识的暴露真相的身体语言，因此我们想要了解一个人的内心，多注意他的无意识的肢体行为就可以了。对方的无意识往往就是我们有意识地去了解对方的途径。

6.
潜意识掩盖真相的身体语言

日常生活中，如果我们每一个动作都是经过深思熟虑的，那么我们就活得太累了。走路、谈话、吃东西、穿鞋子、开车，这些动作都是在自己无意识的情形下完成的，这些动作之所以能正确地完成，正是靠潜意识的作用。平时做的每一件事都或多或少地影响着我们的潜意识，而潜意识也在每一件事上影响着我们。

潜意识对一个人的思想非常敏感，只要你的思想里对某件事的认知产生了一个"雏形"，你的习惯性思维就会渗入你的潜意识里。一旦潜意识接受了你的一个想法，潜意识就会在无形中影响着你的行动的。

心理学家还指出，当你的习惯性思维传递给潜意识后，在你的大脑细胞里会留下一定的痕迹。当某件事刺激到这片痕迹时，潜意识就会立刻去执行这些想法。此时，潜意识就会萌生出无穷的力量和智慧，它会利用以往的所有经验和任何星星点点的知识，去控制你的行动。

心理学家做过这样的实验，一群人集中在一个屋子里，突然听到有人喊："举起手!"很大一部分人不由自主地将手举过头顶。当心理学家问他们为什么会这样做时，他们的回答是："听到这样的命令，不由自主地把手放在了头上。"潜意识就是这样影响一个人的行动的。

潜意识是人的真实心境的自然流露，能够客观地反映事物的原貌。潜意识不仅会在日常生活的行为中影响一个人，而且在一个人撒谎的时候，潜意识也会发作，一个人会做出一些肢体行为来掩盖真相。侧写师就是从这些潜意识里掩盖真相的身体语言中，找到事情的真相的。

在肢体语言学里，有的身体语言就是一个人的"真实感受的流露"，它是一个人潜意识里自发的行动，可能连他本人都不知道或无法表达出来，不是大脑刻意发出的信息。

在一件赔偿案中，美国大律师梅尔作为保险公司的代表出庭辩护。

原告声称，自己的肩膀被升降机砸伤，至今右臂仍然抬不起来，保险公司有责任对自己的受伤进行照价赔偿。他一边说，一边还时不时地捶打着自己的右臂，嘴里还嘟囔着，这该死的胳膊，耽误我多少事，保险公司不赔钱，真是太欺人了。庭下好多人看到这样的情景，不禁对原告心生怜悯，还不时地指责是保险公司的错，应该赶快赔偿才是。一时间，庭下的人议论纷纷。

梅尔没有被这样的阵势吓倒，转过头对原告说："请举起您的右臂，让陪审员看看，你的右臂现在究竟能举多高。"原告龇牙咧嘴地慢慢将手臂抬到齐耳的高度，并表现出很吃力的样子，以示不能再举得更高了，这已经是他的极限了。

梅尔回答道："果真是这样，保险公司按规定是应该给您赔偿的。"说完故意停顿了一下。只见原告的嘴角轻轻地上扬，很明显，依现在的情况，他胜诉是十拿九稳的事了。

"那么，在您受伤以前，能够举多高呢？"梅尔又出其不意地问。

话音刚落，原告不由自主地动了一下右臂，但是，只是稍稍动了一下，并没有把手臂举多高，不仔细的人根本就看不出来。原告刚想举起右臂，突然明白这是梅尔的圈套。

梅尔很失望地皱了皱眉头。在接下来的辩论中，无论梅尔怎么要求，原告一口咬定自己的右臂就是举不起来。

梅尔转到原告背后，背对着原告，半天没有出声。原告的心里开始七上八下地犯嘀咕：他还会出别的花招吗？越是这样想，自己就越紧张。当原告高度紧张的时候，梅尔突然大喊一声："举起手来！"这次，原告毫无防备地把双手举过了头顶。

旁听席上哗然大笑，原告的计划落空了，保险公司胜诉。之后，保险公司撤销了原告在公司的投保，因为他无故诈保，已经没有信誉可言。

（1）原告声泪俱下、振振有词的辩解，听起来不由让人心生怜悯。旁听席上的人都开始同情原告，都在责怪保险公司不讲人情。大家的言论对保险公司很不利，也给梅尔的辩护带来了很大的压力。原告以为自己已经胜券在握了，这次的案件自己肯定会赢。

但梅尔没有被吓倒，他知道原告这样说无疑就是为了博取大家的同情。现在最重要的是找到有力的证据来证明原告在说谎。于是，梅尔先采取了缓兵之计，他首先承认，如果这是真的，保险公司应该赔偿，使原告认为自己的一番说辞已经让梅尔信以为真，放松了对梅尔的警惕。

（2）梅尔突如其来的问题，让原告习惯性地想把右臂举起来。可是，他的潜意识告诉自己，举起来就是承认自己在撒谎，保险公司的赔偿自己一分也不会得到，自己的计划就会落空。所以，当梅尔问到以前能举多高时，原告只是稍稍地动了一下，潜意识里掩盖了事实的真相。梅尔想利用习惯性动作，让原告自己暴露事实的真相。可是，原告的潜意识里在提醒自己"右臂受伤了"。

（3）但是，当原告精神高度集中的时候，又由于自己在撒谎，他的意识已经错乱，原告思考的问题是梅尔还会想出什么样的主意让自己暴露原形。在静静的法庭上，梅尔突然大喊一声："举起手来!"原告习惯性地把手举过头顶。这时，原告的潜意识里"把手举起来"占主导地位。最后原告的计划落空,以败诉结束。

潜意识是与生俱来的,它的力量是无穷的,可以说只要潜意识里想做成某件事,就没有做不成的。我们要学会开发并利用这部分能力。

(Ⅰ) 加强大脑的反复记忆

俗话说"事事留心皆学问",也就是说凡事只要你留心,把这事真正地记在脑子里,以后用到这方面的知识,潜意识就会调动你的大脑,随时都可以把知识提取出来。千万不要"书到用时方恨少",所以,一定要保证你的潜意识里有对某件事的储蓄量。

我们可以通过反复记忆来增强潜意识的记忆功能,建立一定的信息库,以便潜意识为我们的某些行为服务。

(Ⅱ) 学会控制自己的潜意识

人的行为也在影响着潜意识,这些行为包括积极的和消极的、好的和坏的,潜意识都会统统地吸收,它不分是非好坏。所以,一个人要学会控制自己的潜意识,随意跳出来的潜意识不一定就是对你有益的,要努力开发利用对自己有益的、积极的、成功的潜意识,避免失败的、消极的潜意识。很多情况下,成也潜意识,败也潜意识。

使积极的、成功的心态占据大脑的统治地位,成为最具优势的潜意识,成为支配行为最直接的习惯。而对一切消极的、失败的心态信息要加以控制，不要让这样的思维随便进入我们的大脑，这样的想法一旦成为我们的潜意识，其后果不堪设想。

（Ⅲ）平时就要不断地自我暗示

如果自己很想赚钱，就不停地对自己说"我要赚钱"，这样赚钱的信念就会越来越强，浑身就会充满力量，更有拼劲儿，带着这种劲头儿付诸行动，不久的将来，财神也许真的会光顾；如果你想要成功，就要不停地念"我会成功"，这样自己就会更有信心，成功就会在不远的将来。

这样不断地自我暗示，大脑就会反复地输入信息，当你遇到挫折或者其他不如意时，潜意识就会跳出来这样的想法，你就会产生某种行为来配合这一想法，朝着你既定的目标前进，直到达到目标为止。

很多人会提出疑问：自己也这样做了，怎么不见效果呢？原因则是自我暗示不够，只有重复的次数够多，才会影响一个人的潜意识，这是最重要的步骤。只有不断地重复，随时随地确认自己的目标，不断地想着自己的目标，才会成功地实现自己的目标。

引导对手掀开底牌
——侧写的过程在于说服和协商

1.
寻找弱点或制造弱点

"金无足赤，人无完人"。这句话告诉我们，任何事情都有破绽，任何人都有弱点。找寻对方的弱点，并针对这些弱点发动进攻，是很有效的策略！

侧写师在侧写的过程中，会经常碰到对手的不配合。一部分是为了保护自身的隐私或者保护家人的隐私，不愿意将信息透露给外人；另一部分是为了保护自身的利益，也许说出的话会使自己的利益受损。无论哪种情况，都会给侦查带来难度。所以，侧写师必须克服这些困难。

侧写师克服困难的重点在于想方设法让嫌疑人暴露出其必然存在的弱点。不管是晓之以理还是动之以情，或者采用非常手段，只要能够让真相大白，在不违反法律的情况下都是可取的。

美国东北部的一家辅导机构内，一名女老师被杀了，嫌疑犯是一名品学兼优的男学生。由于疑犯是未成年人，当地政府要求彻底查清此案。侧写师杰瑞和艾丽接受派遣，来到东北部调查此案。

初见疑犯吉米的时候，他看起来是个挺老实的孩子，特别是在提到女老师过世的事情时，吉米的第一反应是伤心难过。所以，杰瑞觉得他应该不是凶手，只是他一直不愿意说出真相。为了寻找吉米缄口不言的原因，杰瑞和艾丽来到吉米的家，和他的父母接触，希望能找到一定的线索。

校方反映，吉米的父亲对这次遇害的女老师有很大偏见。于是，杰瑞特别询问了这件事情，吉米的父亲坦言对女老师所选用的教材涉及性方面内容很不满，但这与儿子无关。吉米父母的言语之中似有隐瞒，艾丽对吉米的母亲说明了情况，即使杰瑞犯了什么错，但也不一定是凶手，隐瞒的话会害了他。就这样，悲伤的母亲拿出了儿子偷窥女老师所拍下的照片。这就是吉米的弱点，他有偷窥症。

第二次见到吉米的时候，杰瑞拿出了照片，摊在他的面前。吉米情绪一度失控，毕竟面对自己的弱点——特别是令人不齿的——的确是件很难的事情！吉米终于情绪爆发，说出了自己对女老师的爱慕之情。在老师被谋害那晚他曾偷窥，但不知道老师已经死了，才被误抓的！

这样显然还不能完全排除吉米的谋杀嫌疑。不过，其他可疑的人是校长尼斯和女学生莎莉。

根据调查，尼斯当晚的不在场证明是假的，而且，在吉米偷拍的照片中，有一张是尼斯、莎莉与女老师争吵的画面。

可是，莎莉在配合杰瑞调查的过程中，并没有提到与老师争吵的一幕。在杰瑞和莎莉都沉默了一会儿后，艾丽走进来，拿了一张纸条给杰瑞。杰瑞痛苦的表情表现出极大的遗憾，他对莎莉说："你将会内疚一辈子，吉米在监狱中自杀了，一个还没有成年的孩子！"听到这个消息，莎莉控制不住地泪流满面，情绪十分不稳定，她说："对不起，我不知道尼斯会杀了老师！"

就这样，最后真相大白！其实，吉米没有死，是杰瑞知道莎莉怀孕了，对孩子、出生、死亡之类的词很敏感，利用这个弱点让莎莉说出了真相。而孩子，正是莎莉和尼斯的。女老师想劝阻莎莉，不要和已婚的校长在一起，结果却惨遭杀害。

最后，吉米无罪释放，校长尼斯得到了应有的惩罚。

（1）如何让未成年的孩子开口。由于思想尚未成熟，未成年人往往对自己的行为不能完全负责，而且也不愿意同陌生人进行过多的沟通。杰瑞和艾丽只能通过吉米的父母获得一些关于他的信息，利用他有偷窥症的弱点，让他坦诚地说出了一切。

（2）如何让保护自己利益的莎莉开口。杰瑞巧妙利用了她怀孕的事实，撒谎说吉米死了，通过动之以情使她开口。此时，对怀孕的她来说，孩子的生死才是她的弱点。只要是关于生死的字眼都将引发她的情绪波动。

在我们的现实生活中，通过弱点来攻破对方心理防线的例子数不胜数！最常见的是在谈判的过程中。我们需要时刻掌握说服和协商的技巧。只有了解了对方的弱点，做起事来才会百战百胜。

（Ⅰ）想尽方法，了解你的对手

每个人都有自己的性格，在这个尊重个性和张扬个性并行的时代，很难能看清对方的真正面目。

这需要你踏足他的朋友圈和亲友圈，因为通常局外人比本人更能提供丰富的信息。记住你要掌握的重点，是他的弱点而不是兴趣所在！越是想要隐藏的事情，越是弱点，尽量踏足他的生活地点，那里的细节可以告诉你很多信息！

当然，对于私下的调查，你应该注意对他人的尊重和对法律的遵守，不能逾越沟通的安全距离，以免让他对你产生厌恶情绪。

（Ⅱ）利用对方暴露的弱点

你可以直接让对方暴露其弱点，以获得你想要的信息；也可以利用他的某些缺陷，设套让他钻进去，暴露出他的弱点。

如果对方有幻想的癖好，了解后就可以迫使他自己承认，站在现实面前的他会将真实的一面展示出来。如果对方是一位母亲，那么动之以情是最好的方法，这样可以让她"母性泛滥"，不管是对自己的孩子的爱护，还是对别人孩子的同情，都可以起到很好的促进作用。

利用对方的弱点来攻破心理防线，在商业谈判中用得较多。例如，在竞标中，应该提前了解对手公司的出标人是何种性格。如果他是那种犹豫不决、优柔寡断的人，那么你就可以掌握时间差，总是比他先出价，这样你胜出的可能性也比较大。如果是共同竞争项目，可以了解对方公司在工程质量、工期完成度和资金实力方面与己方的差异，利用对方的这些不足来反驳，或者将己方更有优势的地方作为攻击手段来加以强调。

总之，想要控制对方，就应该主动攻击对方的弱点。借此摧毁对方的士气，才能够得到意外的收获！

2.
不置可否面对谎言

谎言是指说出与自己内心真实想法不一致的结论，在这层意思上谎言通常是与真相对立的；谎言还指隐瞒实际情况，缄口不言的情形。谎言总是带有贬义，但往往谎言中也会暴露出真相。

侧写师在侦查过程中得到的供词不一定都是真实的。一部分人分不清楚什么是谎言，什么不是谎言，失去了找寻线索的机会。另一部分人知道什么是谎言，但态度过于极端，不愿意继续相信说谎人的任何话语，白白失去了可以提供有用信息的人！所以当遇到谎言时，不要泾渭分明地认为这就是不好的。因为，谎言本身可能会提供很好的线索。

侧写师的工作，有很大部分是与案件的相关人接触，从中获得线索。即使有人说的是谎言，他们也会不置可否地面对。英国的一项调查显示，一个人一生平均说八万八千个谎言。既然数量如此之大，我们就不需要对之嗤之以鼻。侧写师最需要做的是，辨别出哪些是谎言，不置可否地面对谎言，最后在谎言中找到真相！

詹尼尔是美国南部航空公司的一名飞机师，他最近的任务是完成新机 X－20 从南部到华盛顿的试飞。然而，飞机中途坠地，詹尼尔有幸生还。

航空公司要求当地警方彻底调查此事。原因有两点：第一，X－20 飞机价值确实不菲，而且据飞机传回的数据显示，事故发生时飞机的各项数据都是正常的；第二，驾驶员詹尼尔的各项表现都证明他是一个优秀的飞机师，不可能出现这样的巨大失误。航空公司初步怀疑是詹尼尔故意坠机，原因是为他父亲报仇。詹尼尔的父亲，也是这家航空公司的飞机师，因为驾驶了一架质量不合格的新机而机毁人亡。

至今，大部分人还认为，这是航空公司的责任，但公司并没有承认，只是以事故处理。

起初，航空公司不愿意让调查人员与詹尼尔接触，因为他们觉得他肯定会撒谎。吉姆和桑尼作为负责此案的侧写师，坚持首先展开对詹尼尔的调查。他们认为，即使是谎言也是有价值的。

吉姆开门见山地问："为何 X－20 会坠毁？"詹尼尔说："我也不知道为什么，当飞机在海拔 9900 米的高度飞行时，各项性能指标都反映出机体本身状况良好，高空的能见度也很高，可是后来发生了什么事情，就不太清楚了。不是晕过去了，我还清醒，只是不知道时间，分不清自己的情况。等时间一过，才发现飞机已经在不断下降，没办法，只好弃机跳伞。"桑尼直言："是否是故意坠机，为报父亲的仇？"詹尼尔说："不是的，我很爱这份工作，父亲的事情自有法律，我不会以坠机实施报复。事实上，坠机让我一条腿濒临残废，我不可能这么做。"吉姆最后补充道："我们很佩服您的敬业精神，相信真相会还您一个清白！"

吉姆看了从坠机中传回的视频，在詹尼尔意识模糊的时间里，他的表情异于平常，好像很开心、很愉快！他怀疑詹尼尔在撒谎，但尽管如此，他还是很从容地与詹尼尔交流。令人感到疑惑的是，出现这种意外事故，詹尼尔还能保持很放松、愉悦的心情。

吉姆同詹尼尔进行了第二次交谈，吉姆发现他的态度依然很温和，并没有巨大的情绪变动。詹尼尔特意提到因为 X－20 的驾驶员竞争激烈，前阵子自己情绪不是很好，但最近一周得到明显改善。

吉姆果断提取了詹尼尔的唾沫进行化验，最后发现里面含有某种治疗极度抑郁症的药物。当吉姆询问詹尼尔是否服用过这种药物，或者在这段时间经常吃某些固定的东西时，詹尼尔断然否定。吉姆并没有在当时反驳什么，而是询问了他的太太。

就这样，最后发现是詹尼尔的太太在他每天都会喝的咖啡里添加了这种药物。因为，只有这样才能让长期精神紧张而脾气暴躁的詹尼尔情绪变得相对稳定一点，没有想到会有这次的意外。

（1）直面你的对手，即使可能听到谎言。吉姆和桑尼在航空公司认为没有必要听詹尼尔谎言的情况下，毅然决定和他进行交流，并且是以平等、无歧视的态度进行的，并不因为他父亲的事而带有偏见。这样给了詹尼尔一个说出当时自己切身感受的机会，不管是谎言还是真相，都对案件侦查有积极意义。

（2）学会在谎言中生存，找到真理。吉姆不相信詹尼尔说的是实话，但依然耐心地与他交谈，才发现他的表情细节，得到他患有抑郁症的结果。詹尼尔否定吃药后，吉姆没有反驳他，而是找到他的太太，最终发现真相！

现实生活中，大家对撒谎、谎言之类的词语总是很敏感，不愿意自己受到这些指责。但是，通常谎言无处不在，很明显的例子便是电视上夸张的广告。所以，我们需要学会坦然地面对谎言。

（Ⅰ）不要对谎言心存畏惧

心理学上说，人们越害怕一样东西，往往越难深入地了解。谎言只是对现实的否定，不可长久保持，终有破灭的时刻。它不可怕，我们需要调整好心态以正视它。

只有认同并使用这个观点，才能够在实际生活中从容应对！

（Ⅱ）识别谎言并正确地对待谎言

要学会识别谎言，需要不断地积累实践经验。细心的人会发现，当某人的脸上出现不对称的悲伤表情时，这个人不是真的伤心。说谎的人会脸红，这是最直观的表现。更多的情况是，说谎的人会有一个短暂的表情，他会不加思考地回答你的问题；并且与你发生眼神接触，因为他需要看你是否信任自己。

不要以好或者不好的直观判断来对待谎言，否则谎言将一无是处。要以正常的态度对待谎言，事物都是有两面的，谎言也不例外。不确定对方是否撒谎，那就要利用他的谎言来找寻真相。

在日常生活中，通常谎言更能提供信息。当他对你撒谎的时候，你就能明显感觉到你们之间有问题出现，这样才能有动力去找寻办法解决问题。总之，要冷静淡定地面对谎言，谎言中往往有真意！

3.
倾听这时显得尤为重要

倾听是一种有效的沟通方式，是双方进行感情和思想交流的过程。具体来说，是倾诉者通过文字、语言和动作等方式向倾听者倾诉，倾听者真诚倾听，并且为倾诉者排忧解难的过程。通常，这样的交流能够使倾诉者排解不快的情绪，获得解脱。

倾听在案件侦查中是个很重要的沟通手段，能够通过其获得很多信息。在情感十分脆弱的时候，如果能有一个人肯静下来听自己说出内心深处的话，这会是件很幸福的事情。侧写师要做肯耐心倾听受害者或者犯罪嫌疑人的人，倾听他们不愿意轻易说出的、压在心底已久的话。

侧写师在侧写过程中，一个重要的环节就是引导对方回想当时犯罪现场的情景，试着说出自己所看到的、所听到的。可是，大部分受害者都有心理创伤，不愿意回想过去，这就让侧写的过程变得困难。所以，侧写师需要不断地舒缓对方的心情，告诉对方，自己可以为他分担忧伤，自己是最忠实的倾听者。

事情发生在台湾。受害人是李某，被一把匕首所伤，目前仍在重病监护室，伤势严重。嫌疑犯是当初与之发生冲突的大陆男子林某。

在警察审问中，林某当即承认是自己试图杀害李某，与女友张某无关。但是，林某是交换生，品学兼优，根本不可能做出这种事情。这桩看似很普通的案件，由于双方当事人的身份而受到当局的重视。事关两岸的关系，大陆立即派出一名高级侧写师左某，前往台湾彻查此案。

经过当地警方的调查，左某已经掌握了一些基本情况。当晚，林某与女友一起到酒吧喝酒，遇到李某并且与之发生冲突，并酿成了最后的悲剧。但是，究竟是什么原因导致了双方的纠纷呢？由于酒吧环境太过吵闹，光线不好，周围人的口供不能充分说明事情。左某想到，唯一能够突破的就是张某——林某的女友。

张某因为目睹当时的情景，加上得知男友入狱接受审查的消息，昏倒后入院，至今神志一直不清楚。左某很奇怪发生这样的事情，为什么张某的家人没有来看她，而是让她一个人待在医院。据资料显示，张某的母亲是二婚的，虽然二婚后经济条件很好，但家庭似乎不和睦。

初见左某时，张某的反应很强烈，似乎受到了很大的刺激。由于都是女生，左某照顾她的生活，给她送饭送水，试图让张某开口讲出实情。慢慢地，当张某不再排斥她的时候，她渐渐开始问张某当时的情形。显然，她很排斥这个话题，一听到这件事她就精神崩溃，必须打镇静剂才能安定下来。

张某再次清醒的时候，左某又试着问了一次，这次她比较冷静，用很深沉的话语，告诉左某，当时是李某想骚扰自己，男友林某只是为了阻止他，最后意外地用匕首伤了李某。说出了这些话，张某似乎没有很轻松，眼神一直很凝重。左某对她说："小张，有什么话你就告诉我。我们都是女人，我会帮你的。"张某犹豫了一会儿说，其实自己根本不记得争吵过后发生了什么事情，刚才说的情况也都是林某教她的。她不相信，林某会杀人，他不会带匕首出门的，可是当时除了他就是自己，不可能有第三个人伤了李某。左某无意中问了张某一句："你有随身带刀防身的习惯吗？"张某立刻反应很激烈，她不断地重复说："没有，我没有杀他，不是我，不是我……"

就这样，张某陷入了第二次昏迷，再次醒来的时候她被带到了警局。左某给她看了当时现场的一些照片。争吵、打斗，各种情景顿时出现在脑海中，张某突然想起来了，混乱中是自己从包里拿出了防身的匕首，捅了李某。她泪流满面，左某也感到十分遗憾。

后来的调查才发现，张某患有童年创伤引起的心理障碍（Post Traumatic Stress Disorder：PTSD）。张某童年有过被同母异父的哥哥性骚扰的经历，这次的骚扰引发了她的病，才会出现短时间失忆的情况。

（1）左某能够耐心地和张某进行沟通交流，倾听她内心真实的想法。作为一个学生，在经历了当时那种恐慌的情形后，即使是正常人也有心理障碍，何况张某患有PTSD。所以，和她的沟通要有渐进性，要不断深入她的内心，才会让她打开心扉，肯将自己的心里话说出来。

（2）根据张某的家庭背景和神情举止，左某怀疑她患有PTSD，因为这种情况的确会造成短时间的记忆缺失。而男友出于保护女友的考虑，肯定宁愿承认是自己出手伤人！左某给张某看犯罪现场的照片，这才帮助她恢复了记忆，实情才得以浮出水面。

倾听是一门艺术，也是一门学问。在日常生活中，学会倾听可以让你体会到很多美好的东西。倾听自然，可以发现很多原生态的生物，以及那些独属于它们的世界的声音；倾听他人的内心，可以捕捉到人性的真实的一面。

（Ⅰ）站在对方的角度为对方考虑

倾诉者往往是处于弱势的，他们因为心理承受着某种压力难以抒发，所以才要向倾听者倾诉。想成功地听到对方的心声，必须要站在对方的角度考虑问题。

尝试着引导他朝向内心最深处迈进，如果很困难的话，可以尝试暂时停歇，等情绪好点再重新开始。

不要带有很强的目的性，尽管你的初衷是为了从中获得你想要的信息。你需要表现出很想为他分担痛苦和忧愁，这样才能做到感同身受，让他对你述说自己的心事。

（Ⅱ）多说一些给予对方理解和支持的话

在说出心里话之后，他必定极度虚弱，你要不断宽慰他。适时地点头，告诉他："这些都是不可避免的，你已经做得很好了！"还可以给他提供一些建议和方法以解决问题。

倾听的过程中，要掌握关键信息，不要被各种细枝末节所羁绊。或许他的很多话语中明显带有感情色彩，那些往往是你需要筛选的信息。倾听，不仅仅是话语，还有表情、动作，充分利用这些，你将完全读懂对方的内心。

4.
陷阱式提问

提问是思维的火花，它能够在吸引对方的注意力的同时激发思维。通常，在这样的对话中，提问可以让对手"言多必失"，侦察员也可从中获得很多重要的线索。

陷阱式提问是一种很讲究技巧的提问方法，通常比普通问法更能得到想要的信息。它主要运用引导、映射、创造虚拟环境等方法使对方同自己多交流，从而在语言中设套，从对方的话语、表情和动作等临场表现中得出结论。

侧写师在案件侦查中，对手可能是受害者、目击者或者犯罪嫌疑人等。大多数受害者受过心理或者生理创伤，不愿意回忆过去；目击者即使知道实情，往往也会避而不答；犯罪嫌疑人不想露出破绽，更是紧闭尊口。所以，为了让对方开口说话，采用陷阱式提问很重要。

美国 DEA（麻醉管理局）突袭了一个位于美国亚利桑那州的毒品实验室，目标从地道逃跑，但在现场发现了一批制作化学武器的放射性散布装置。调查人员通过现场遗留的无线电设备，截获了对方的一封密函，上面指出他们会在三天后美国某地实行一次放射性物质爆炸。

美国国土安全部认为这与基地组织有关，并且根据纳斯卡账单找出了犯罪嫌疑人——在国境使用假护照逃跑的利奥，他现在被关在北部的一家监狱，成为了一名不说话的"幽灵囚犯"。

本和他的团队成员艾丽和查尔接手了这个案子，本觉得利奥可以告诉他想要知道的信息。来到监狱后，本特意联合狱警演了一场戏。

在狱警严刑拷打利奥的时候，本出现了，他阻止了狱警的暴力行为，并表示保证会依照美国宪法以正常人的待遇对待他。在换上衣服，给了水和食物后，本和他一起进餐，并且一起谈论政治信仰问题，并不排斥他的想法。本很礼貌地问利奥是否能够和他谈谈，并表示尊重他的意识和想法，此番目的只是对利奥更好地做行为分析。

利奥并未轻易答应，而是被动回答。就在两分钟的交谈中，监控室外的艾丽便根据他的英语发音判断出他是罗马人。接着本进一步询问他是否愿意为自己解释一些事情。由于话匣子已经打开，利奥表示愿意。他用穆罕默德言行录"诗词之剑"来反对早期的古兰经中的伊斯兰教教义，由此可见他有严重的信仰依赖，这更加让人肯定他是犯罪者。

关键是找出为何他有这种报复倾向。在谈话中利奥说到他的童年生活，他特别说到一颗从天而降的炸弹打破了生活的宁静。为了明确到底是自己还是他的孩子遭受此类事情，本故意说，已经有两名伙伴在刚刚利奥同伙制造的爆炸中受伤，并且伤心地说都是父母的孩子。顿时，利奥泪流满面，并且重复着"儿子"一词。这进一步明确是他的儿子死在了美国的炸弹下，无战事的话必定是误射！

离三个小时的期限只有一个小时了，本亟须获得爆炸地点的信息。可是与利奥已经谈了三次了，他还没有松口的迹象。突然，本灵机一动，想到一个方法。他和查尔进了审问室，坦白告诉利奥，他欺骗了他。所有关于他的信息都是通过外面的监视屏观察到的，并且将目前对他的了解都告诉他。这样做的目的是和对方摊牌，做最后的争取。墙上的钟已经到了爆炸预定时间，本的电话响了。他表情痛苦地告诉利奥，爆炸已经开始，随即听到了室外电视中正在播报的消息。这些都告诉利奥，他成功了。本怒斥利奥，运用信仰去报私仇，谴责他带有个人感情的信仰。利奥十分恼火，因为现实的确如此，而他又急于维护自己的信仰。并且，利奥指出，下次人们要在大型商厦落成仪式上出现的时候，必须要三思啊！

本立即联系美国总部，查出在一个小时内要举行落成仪式的大型商厦。就这样，成功地避免了一次放射性物质的爆炸案。

（1）本的出现是个很好的开始，他的所作所为明显区别于其他警察。这样的开始，让利奥对他的心理芥蒂少了很多，便于双方的交流。

（2）本愿意站在平等的位置同利奥进行交流，并且通过信仰、同事遇害等陷阱问题，成功地知道了他是一个因为自己孩子遇害而受到刺激，企图靠着信仰发动其他人制造爆炸来复仇的人。

（3）本在全局上能够很好地把握。在开始的时候，了解到利奥是个很精明的人，为了布置最后的"陷阱"便装了一个时间错误的时钟。同时，设计了一个很悲伤的谎言，在大家情绪集中爆发的时候，让利奥失去了自我控制，最终说出了事情的真相！

陷阱式提问，需要全盘的布局，因为这本身就是个骗局，所以必须要细致缜密。同时，还要讲究技巧，知道如何让对方开口，如何从对方的嘴里获得自己想要的信息。这需要仔细观察对方的语言、神情和动作。仔细观察，你的对手是个什么样的人，你的陷阱该怎么设计他才会上当。就像案例中，一开始本就放了一个时间错了的钟在审问室，因为他知道这次面对的是一个"聪明人"，所以才有了后来精密的布局。

（Ⅰ）关注对方的一切

a. **语言**

俗话说：言多必失。一种语言说久了就会形成习惯，很多人在无意识中就会暴露自己的某种缺点，我们就是要利用这些疏漏来剖析对方！陷阱式提问中，我们可以有意识地引导对方说出一些关键词，借此判断，特别是一些各地有明显发音不同的词句。

在中国各个地方的方言不同，土生土长的本地人即使到外地说普通话也会暴露出原来的口音。美式英语和英式英语也有不同，由此也可以判断出口音。

b. **神情**

陷阱式提问的关键是，尝试性地提出一些问题，引出对方的可疑神情！

当提到某些问题或关键词的时候，观察对方的表情是否有变化。如果有变化，就紧追不舍地问下去，肯定会有意外的收获。

当对方的注意力无法集中的时候，可以试着和他进行深层次的交流，令他陷在其中，不能自拔。这样会降低对方的戒心。

c. **动作**

开始的时候，必须了解正常情况下对方的动作。突然间的变动，往往能暴露出问题。这时候，你刚才所提的问题就是有效的。

如果开始时对方是很紧张的，如手握拳，你说的某个情况令他十分放松地将手放开，就表示你的话对他没有威胁，他是胜利者；如果他变得更加紧张，说明你说对了，他失败了。

（Ⅱ）熟能生巧才能统观全局

在日常的生活中，多与人进行沟通交流，在其中可以运用陷阱式提问。对自己熟知的人往往会比较清楚他有哪些优势和劣势，利用这些来作为提问的技巧会比较容易，而且有利于自己从开始就布局，请君入瓮！

就像案例中，本知道利奥很聪明并且善于观察，就在审问室里放了个时间错误的钟，并且最终成功误导了他。

知道对方喜欢的话题可以逐渐深入，引导他说话，与自己探讨；接着不知不觉中引入想知道的话题，让他说出自己的心里话。

陷阱式提问的关键在于一问一答间，引导对方掀开自己的底牌！做好这些，你就能够顺利地说服并且控制对方！

5.
双重引导法

无论是中国的《易经》，还是唯物辩证的矛盾观点，都主张一分为二地看问题。在案件的审理和分析过程中，运用双重的方法解决问题就显得十分重要。

双重引导，具体来说就是运用多重方法，不仅是语言上的交流，还有肢体语言的互动；不仅有正面的引导，还可以运用预先否定的方法，迫使对方说出真实的情况。

在案件的发展中，需要运用多重思维来思考，不能偏执于某一方面。通常，语言和动作会有连贯作用，而否定的错误词句等更有吸引力。侧写师经常运用双重引导法，从多方面着手、多角度思考，丰富自己的信息渠道，最后获得真相！

莉莉全家和十三岁的表哥杰全家一起到了一家大型的游乐场玩耍，他们很开心，因为这是一个难得放松的周末。但是，半个小时后，莉莉的爸爸妈妈发现女儿不见了，他们联系到了此时在别的地方玩耍的杰一家，一起寻找莉莉。又过去了半个小时，仍然没有发现，于是他们立刻报警。

事情比较严重，因为类似的案件已经出现过多起，两天前当地的一家大型商场同样出现了类似的失踪事件，很遗憾，每次的结果都是只能发现尸体，却找不到凶手。

鉴于事情有可能是连环绑架，当地警方通知了FBI。查克带领行为分析组的成员展开了调查，他负责商场整个环境调查和案件进度跟进；杰克去调查游乐场的录像，试图找出失踪前的一些影像；米莉和艾米负责和莉莉的家人进行沟通，尽量获得她失踪之前的消息。

在孩子失踪如此紧张的环境下，家人和在场所有相关人的言语、动作反应都十分重要。在游乐场所有的出口都有摄像头，杰克发现并没有莉莉出去的影像，这就说明莉莉和绑架她的人都在游乐场内。他们需要对所有的人进行行为分析。

查克分批与莉莉的家人进行谈话，侧写他们的言行举止。莉莉的父母并没有特别的地方，只是非常伤心，妈妈特别提到孩子有哮喘症，这又是一个很不好的消息。莉莉的表哥杰一家的反应有些不正常。杰的爸爸，似乎对孩子的失踪十分担心，特别说道："也许她不是失踪了，也许只是因为喜欢什么东西，跑去玩了，你们再仔细找找。"不管跟莉莉家是否是至亲，但杰的爸爸对儿子的态度与刚才关心莉莉失踪的态度明显要差好多。即使儿子对莉莉的失踪负有责任，他也不至于对这件事如此地关心，而且有些责怪和忽视儿子。这是典型的恋童癖。

杰的妈妈说自己是游乐场的管理人员，可是没说在这家游乐场工作过，事实上她对这里的情况了如指掌。她说在莉莉失踪的期间，她在隔壁商场给丈夫买打火机。事实上，杰的爸爸已经戒烟一个月了。在杰被单独带去审问时，身为母亲的她淡定地坐在椅子上喝咖啡，这不可能是她口中的幸福之家该有的样子。

这是单独的谈话。杰，很容易看出来他是一个青春期躁动的孩子，当时他在游戏厅打游戏，而莉莉就是在这个时候从他身边走开然后失踪的。并且，他将椅子拉得很远，故意疏远查克。当问起有关莉莉的事情后，杰总是嘴角上扬，表示他确实有所隐瞒。

很显然，杰一家隐瞒了情况。加上之前在垃圾桶内找到莉莉的项链，查克有理由相信，杰的妈妈和这起案件有着极大的关系。

面对 FBI 行为分析组的质问，杰的妈妈最后终于说出了实情。她早就和丈夫分居了，她嫉妒丈夫喜欢莉莉，丈夫甚至给她买价值不菲的项链，而青春期的儿子跟她一点都不亲近，感觉就像陌生人一样，整天和表妹玩在一起。嫉妒心使她动了杀害侄女的念头，她将莉莉绑在了废弃的游戏间仓库里。

（1）杰克从游乐场出口录像分析得出这不是连环绑架案中的一起，而是单独的绑架案，并且受害者和绑架者都在游乐场内并未出去。他们需要争取时间，对每一个嫌疑人进行侧写，才能得出最后的结论。

（2）莉莉能够在众目睽睽之下被人绑架，必定是受到什么东西的吸引。游戏厅里没有女生喜欢的饰品，那就有可能是她信任的人把她领走。在侧写的过程中，杰一家人在言语上有诸多疏漏，杰的妈妈居然不知道丈夫已经不吸烟了，她不在场的证据被轻而易举地揭穿。行为上有很多反常的地方，儿子故意疏远查克，隐瞒某些事情；杰的爸爸明显有排斥儿子、喜欢莉莉的倾向。最后证实杰的爸爸有恋童癖，而凶手是杰的妈妈。

多重分析的方法总是在不知不觉中渗透到你的生活中，它可以让你通过多种途径去了解你想知道的事情。

（Ⅰ）观察细节，发现引导信号

如果你想有针对性地了解某些事情，不妨在与他人进行交流的时候，观察对方的各种肢体动作、表情，这会比听到的话语更有说服力。

通常人们很可能说谎，前面也提到事实证明人的说谎率是很高的。但是，通常，这些细微的动作是不可能骗人的。它们大多是瞬间即逝的，出于人们无意识、不可控的情绪。

你可能会发现，对方在说话时都非常流利，可是在某个事情上突然停顿，这表示他可能在说谎；对方和你单独谈话时，故意保持很大距离，并且不敢直视你的眼睛，这说明他在逃避你；谈判对手紧握的双手，突然间伸直了，表示他心理放松了，你刚刚所说的话题必定对他没有威胁，或者对他而言是好事。

（Ⅱ）纵观全局，才能双重引导

所谓的双重引导，并不是事无巨细，从每个方面都要思考，这往往是浪费时间。纵观全局，在降低可能性的范围内，再运用双重引导就是高效率的。

对待类似案例中的敏感人群，他们的言行举止很容易就会出卖自己。因为绑架者的心理和受害者的心理有本质的不同，不管如何掩饰，脱离现实的东西始终会暴露出疑点。

在日常生活中，可以通过不断实践来加强双重引导法的学习。书中可以教会理论知识和方法，但能力的提高，还要依赖于自己的努力，要尝试着自己去分析。

做错并没有关系，理论都是来自于实践的，相信善于总结的你，一定会学好这一课的！

6.
在人性上引起共鸣

人性，从字面上理解为人的常性，是人在正常情况下所拥有的理智和智慧。也可以说，人之所以区别于其他动物，正是基于这一点。

虽然传统的"人之初，性本善"的人性观点，已经逐渐被大家扩大化，但也有很多人认为，这是不正确的观点。所以，在这个综合性的社会中，找到人性上的共鸣显得十分重要。尽管人们崇尚价值观念多元化，但是，共性能让我们的心更加贴近。

大多数的罪犯都有悲伤的过去，受到过某种不公平的待遇或致命的打击，才会冲动地做出伤害他人的事情。面对这样的情况，只有对他不断地灌输正确的思想，才能获得他的认可，从而使他接受你的观点，悬崖勒马。侧写师需要剖析他的过去，了解他现在的心情，试图在人性上找到共鸣之处，这样才能阻止接下来的一系列悲剧。

韩国一位重要的商界人士在美国参加儿子的婚礼，由于新娘是美国人，这场跨国联姻受到当地政府的高度重视。然而，婚礼前夕，新郎却收到一封恐吓信，表示如果在当天和新娘结婚，一定会受到致命性的伤害。州政府方面表示，可以将婚礼改期，以防出现人员伤亡。但新郎的父亲坚持认为，不能退缩，在异国受到威胁就退缩是有损国家威严的行为，坚持如期举行婚礼。

当地警方在婚礼现场增派了大量警力，因为大家有充足的理由相信这个凶手肯定会伪装成婚礼现场的人，从而暗下杀手。侧写师凯特和戴维受到警方的邀请，到婚礼现场协助调查。

在婚礼现场外设置的检测武器设备的仪器显示，并没有人携带枪支进婚礼现场。凯特一直在大堂仔细观察每个人的神情、语言和动作，依旧一无所获。在婚礼进行到一半的时候，一个人突然表情愤怒地站起来。戴维立刻通知警察将他抓住，混乱之中人们听到了枪声，新郎中枪了。可是，最后搜查发现，那个站起来的人根本没有持枪，只是一个和新郎有过节的人，他因不满新郎和新娘的婚礼甜蜜而半途想退场。但是，新郎中枪了，是谁在慌乱中开了枪而又巧妙地躲过了仪器的检查和侧写师的眼睛呢？

就在一切陷入僵局的时候，凯特意外地发现，婚礼现场播放的视频中新娘的表情与幸福无关。她似乎在隐瞒着什么，结婚本应该是很开心的事，可是，她看上去并不开心。但是，韩国的夫家人不知道新娘是二婚，是新娘故意隐瞒了。资料显示，新娘确实在华盛顿有过一次婚姻，因为对方得了癌症而分手，但她骗了现场所有的人。那就不排除是她前夫由爱生恨，要杀死新郎。

全场所有符合条件的人就是这些摄影师，因为他们用摄像机挡住脸，侧写师是看不清他们的表情和动作的，而这些摄影师当中的一位就有可能是新娘的前夫。如果他是恶性报复新娘，他可能还会杀害现场的客人，为了让他停止行动，侧写师让新娘和他对话。

新娘说："亲爱的，我不知道你也来参加我的婚礼，我很欢迎你的到来。可是，你不该伤害我的丈夫，虽然我们分手了，但还是朋友，我希望你能祝福我。你能出来让我见你一面吗？我想知道你现在过得好不好！"

人群中，站出来一个摄影师，用枪指着新娘。他愤怒地吼道："婚姻，你配吗？所谓的爱情，应该是无论疾病、痛苦都要相濡以沫。可是你呢？你该死。"凯特站出来，挡在了新娘的前面，她说："每个人都有自己选择的权利，她有幸福的权利，你只是嫉妒她。伤害她不是你的本意，对吗？你还爱着她，根本不会伤害她，所以才射击新郎而不是她。你信仰爱情，为什么不能宽容对她？放手给她幸福，好吗？"

摄影师说："你失去过爱人吗？我深受疾病和爱人离开的痛苦，活着对我而言是奢望，你说得对，我还苛求爱情做什么呢！"戴维说："我离婚了，带着儿子一起生活，儿子理解我和他妈妈，并且还相当乖巧。我们参加了他妈妈的婚礼，并且真心祝福她。如果你爱她，何不尝试放手呢？你还有时间，为什么花在一个放弃你的人身上？你可以做些更有意义的事情，比如，停止这次无谓的斗争！"

他终于放下了抢，凯特和戴维看到了他的微笑，他解脱了！

（1）新娘愿意为了新郎和在场所有人的安全，勇敢地站出来同疑犯对话。凯特和戴维相信，只有新娘的话才能得到摄影师的认可，才能迫使他站出来。这样，才有可能阻止这场关于爱情的搏斗。

（2）每个人都应该信仰爱情，有一颗金子般善良的心。任何人都没有绝对的坏和好，他们都只是迷失了自己。摄影师因为爱情而失望，从而有了杀人的念头。凯特和戴维用自己的信念和他分享，试图获得他的肯定，只有这样才能从心理上获得他的认可，劝服他停止这次斗争。

人性是这个世界上最让人难以揣摩的东西之一。真善美，假丑恶，都是人性。要想深入一个人的内心来改变他的想法，必须首先让他信任你，并且在人性上产生共鸣！

（Ⅰ）赢得对方的信任

人性是深藏在每个人的心中的。案例中的摄影师，他的内心充满了对美好婚姻的向往，后来演变成对婚姻的厌恶。这种深藏在内心的想法，需要在和他深入接触、赢得他的信任之后，才能够改变。

我们需要放低自己的身段，让对方觉得与我们身在同一位置，可以放心地和我们交流；或者寻找共同点，以相同的身份进行交流也可获得同样的效果。在老师和学生的交流中，可以说，我们都是朋友，有什么话都可以说的；在已婚族中可以说，大家都是结了婚的人，有什么话不妨直说。类似这种类比的思想，往往能够同化对方成为一类人，从而降低交流的距离感。

（Ⅱ）跟对方交换思想，激起心灵上的共鸣

这部分你需要做的是坦诚，坦诚能够让对方感觉受到了尊重，从而加强话语的效果。

找到与对方思想上的共同点，并且告诉他，你们共同拥有着人性某方面的特性。或者相信人都有善良的一面，或者相信爱情、友情等。以求在这个观点上，与对方产生共鸣。只有获得了进一步交流的机会，才能进行更深层次的探讨。

7.
亲切、微笑总是很有力量

　　有人曾说过，微笑是人类最美好的语言。的确，无论在什么样的环境下，只要有真诚的微笑就有强大的力量。亲切和微笑，总是让人觉得心情放松，从中获得启迪和智慧。在顺境中，它们给人带来肯定的欢乐；在逆境中，它们给人以莫大的鼓舞，激励着人们不断地前行。

　　侧写师在很多人的眼中，都是相当严肃的。大家认为他们接触的都是很暴力、残忍的人，如果侧写师不理性、不冷静，是对付不了这些人的。没错，事实的确是这样的。

　　但是，侧写师同样需要有温柔、亲切可人的一面。一方面，这样自己不至于生活无趣；另一方面，当面对需要以亲切的态度和微笑来面对的对手时，不至于手足无措。

　　侧写师通常会面对一类特殊群体——小孩。虽然他们是没有独立思考和行为能力的小孩，他们的口供通常很具有争议性，但孩子的心思是最纯洁美好的，往往更能反映出事情的真实性！侧写师也要从孩子的言语和举止中，解析出一些隐藏的真相！

约翰接到一个在美国底特律的案子，华盛顿到底特律的路途不算遥远，不过因为约翰在侧写师的行业里对儿童案件的研究很有建树，所以，此次底特律的当地政府特意聘请他来处理。

约翰经过调查，认为这是一宗普通的纵火案，似乎没有必要大费周章地请自己过来。但是，后来才明白，此案的关键人物居然是一个孩子。被大火毁掉的是一个五口之家，年迈的爷爷不幸在大火中丧生，大女儿琼斯也被大火烧伤。

据小男孩琼里描述，事发当时爸爸妈妈都不在家，自己在外面的草地上玩耍，姐姐和爷爷在家里睡午觉。他亲眼看见在房子燃起大火之后，里斯先生从房间里跑出来。此案一直未结的原因就在于大家质疑男孩的证词的可信度。

关键人物，小儿子琼里，在警察介入调查此案后，一直很紧张。因为是唯一目睹了此次火灾的全部过程的人，所以大家对他格外关注。但是，他只是一个不满10岁的孩子，也是受害者，精神上面遭受了很大的伤害。约翰带着琼里来到了户外的草坪上，陪他玩气球。他希望这样轻松开放的环境可以让他获得放松，从而回忆出当时的情景。

琼里玩累了，他问："约翰叔叔，我可以休息会儿吗？"约翰说："当然可以了，琼里可以坐在我旁边。"显然，琼里是个很可爱懂事的孩子。约翰试着问他，是否听过狼来了的故事。琼里说，他知道。说的是一个小孩子撒谎说狼来了，骗大家都过来，后来狼真的来了，可是他再说的时候，没有人再相信他的话了。约翰说："小孩子不应该撒谎的，你是否真的看到了里斯先生从你家出来呢？"琼里说："是的，房子着火以后，我就看到里斯先生从仓库里面出来。"

琼里的话似乎没有问题，可是里斯先生和琼里的爸爸是朋友，只是后来有些纠纷不怎么来往，但也没有理由纵火。如果琼里没有撒谎，这个案子就陷入了死角。

这时候，约翰注意到了琼斯，受害人家的大女儿。她伤得很严重，躺在病床上，按理来说女儿应该和妈妈亲近，可是约翰却发现她几乎都是和爸爸交流，与妈妈的关系有矛盾。他突然回想到，琼里妈妈在听到儿子说起里斯先生时神情有些紧张，这其中必然有问题。

约翰想和琼斯谈一谈，进入病房后，约翰微笑着和琼斯问好。琼斯显然是哭过的，但也点头问好。约翰说："很抱歉，琼斯小姐，你现在一定很辛苦吧，看看我给你带的鲜花，喜欢吗？"琼斯说："非常感谢，约翰叔叔，这是我最喜欢的玫瑰！能有玫瑰和您的安慰，我一定会很快好起来。"熟悉了之后，约翰直入主题："琼斯，可以问你为什么不喜欢母亲吗？"琼斯先是惊奇，后来冷静地说："没有啊，我不讨厌。"约翰以轻巧温柔的语气，告诉琼斯："这所有的一切都不是你的错，你只需要告诉我真相，你妈妈有外遇了，对吗？"琼斯哭着说，是的，她发现好久了。直到那天她妈妈说要和里斯先生私奔，她才想到放火嫁祸给里斯，也是她一遍遍教会弟弟说那些话的。可是，那天的大火不是她放的，事实上她正在睡觉，打算傍晚再放火。

事情进行到这里，已经基本明晰了。后来调查发现，纵火者是里斯的太太。她因不能容忍丈夫与琼斯妈妈的出轨行为，才放火烧了丈夫情妇的家。

（1）约翰试图在轻松愉快的环境下和琼里进行沟通，但没有得到他撒谎的证据。所以，对于一个孩子而言，可能是真有其事，也可能是有人给他灌输了这件事的始末，使他相信真有这件事情的存在，这才没有获得琼里撒谎的证据。

（2）约翰试图让身受重伤的琼斯开心点，这样才能揭开她心中的伤疤。当说到琼斯的妈妈有外遇的时候，这个孩子再也坚持不住，把所有的实情一股脑地告诉了约翰，从而排除了里斯和琼斯犯罪的可能，约翰猜想到纵火犯可能是另有其人。

亲切和微笑不是任何人的专属表情，虽然很多人习惯于面无表情，但他们并非不会这些。所以，你也可以尝试着展示一个亲切的微笑，这样往往会起到事半功倍的效果！

（Ⅰ） 放松你的心态

现在快节奏的生活，使大多数人每天的神经都是紧绷的。但是，每时每刻的紧张，或许更容易使你的工作出现低效率。尝试在非正式的场合放松自己的心情，如会议中场休息时出来透透气，做个深呼吸；在休息喝咖啡时，和同事开开玩笑，说说趣事；在考试复习紧张的时候，和同学一起在校园的林荫大道上散散步，说说话。这样，不仅能够降低大脑的疲劳感，还可以激发出发散性思维。

（Ⅱ） 用你的微笑感染周围人

亲切的态度和微笑，会对周围的人起到辐射的作用。你会发现，长时间和一个开朗爱笑的人待在一起，你也会变得笑容更多。

中国有句古话，伸手不打笑脸人！如果你始终以微笑面对别人，相信他断不会很粗鲁地对待你！

有时候，并不是严厉的态度就可以迫使对方说出你想要的答案。兵法中常说，以退为进。如果硬碰硬没有办法解决事情，就可以考虑用"温柔"政策，毕竟很多人都是吃软不吃硬的感性动物。适时地绽放你的微笑，相比之下会更有用！

微笑的力量，可以使身处困难的人看到光明的希望，可以让悲伤的人感受到温暖。如果你可以微笑，那就请用你的微笑来感染身边的人。

8.

多给对手说话的机会

　　说话对于正常人来说，是再熟悉不过的事情了。但在某些情况下，有人自己不愿意说话，也有人不愿意听别人说话。这样，矛盾就产生了。想解决矛盾，特别是对于内心封闭的人来说，需要多给他说话的机会。不断引导他去谈些问题，试着接触他的内心，让他对你敞开心怀，才能获得关键信息。

　　在案件侦查的过程中，侧写师会碰到很多的罪犯，他们本身其实也是受害者。他们是因为遭受了某种不公平的待遇才会对社会心存憎恨，从而走上犯罪的不归路。如果多给他们一些说话的机会，很有可能避免接下来的一系列悲剧，最大限度地减少伤害。

　　侧写师需要多给对手谈话的机会，更多地了解他们的内心世界，并且表示出极大的理解和帮助他们的意愿。这样或许可以得到对方更多的信任，能够像做朋友一样，互相敞开心怀。

　　亚特兰大市，漆黑的夜幕之下似乎隐藏着不寻常的躁动。

最近，市里出现了三起入室杀人案，父母、孩子和宠物无一幸免。这些让很多父母开始恐慌，他们更多的是担心自己孩子的安全。

侧写师乔尼，接到当地政府的紧急委派，从华盛顿赶到亚特兰大参加这次事件的调查。根据现场的侧写结果，大概有如下情况：首先，时间。全都是晚饭时间，很难找到目击证人；而且此时全家人都在，罪犯可以轻松找到类似车坏了、借东西等理由进入被害者的家中进行犯罪。其次，杀人方式。对待父母的杀害方式十分残暴，几乎是身边有什么就用什么。而孩子，则是静脉注射药物死亡，看起来比较安逸。最后，杀人者似乎很幼稚，却又很有自信。他可以在杀完人后，还继续享用他们的晚餐，一点都不担心会败露事情，最后坦然离去。

可是，对于乱糟糟的现场，其他深入的侧写很难进行，没有进一步明确凶手身份的线索。这让乔尼很头疼。

第二天早上，又有一起案件。这次有个死里逃生的孩子莉莉，因为注射没有深入，所以她侥幸逃过一劫。乔尼知道，女孩经过惊吓之后情绪不稳定，但从她那里能获得更多的线索。

莉莉很自责，因为出事情之前她还和父母吵了一架，现在她永远也看不到他们了。她甚至不愿意与乔尼对话，乔尼告诉她："莉莉，请你帮助那些濒临危险的孩子，你想像你弟弟那样可爱的孩子被伤害吗？现在你是可以阻止这场灾难的人，请你帮帮他们。"莉莉想到躺在床上怎么都摇不醒的弟弟，她告诉乔尼，罪犯有两个，他们是抱着受伤的小狗进入她家的。她听到他们在争吵："你回你的宠物店去，没出息的东西。"之后那个被骂的人给她打了针，并且告诉她，待会儿他们走了之后就跑出去报告。莉莉说那个给她打针的人叫她妹妹，也许这也正是自己没有被杀的原因。

乔尼开始明白，这有可能是两个人合伙，而且其中一人已有悔改之心。这个人是在宠物店工作的，而且可以拿到这种致死的药物。乔尼也意外地发现，每个犯罪现场都有同样的花出现，甚至是莉莉的病房。这样，根据花店的销售记录很快就查到了可疑人物利库德。

利库德被捕后，显得异常冷静，但他不愿意说什么，看得出来他很压抑。乔尼不得已把莉莉找来，果然利库德说话了。他说，自己已经不愿意做了，可是他哥哥一直要这样，他哥哥控制不了自己。莉莉深切地握着他的手说："别怕，你肯定是遇到了什么事情，对吗？以前的遭遇吗？"利库德沉默了好长时间，才说，自己在被抚养的家庭，受到了很多虐待。他们表面上收养流浪儿以获得更好的福利待遇，但却在身体和精神上折磨孩子。不但让他们吃不饱、穿不暖，还强迫他们装作很幸福的样子，不时在精神上施以重重打击，说他们是没人要的孩子。他在哥哥的保护下，还获得了一点温暖，可哥哥受尽了这种苦，如今才会想回去报复，但自己始终不敢回去面对原来的一切，也不愿意再将这种痛苦施加在别人身上。

乔尼马上反应过来，通知警察去原来收养利库德的家庭，他哥哥肯定去了那里。就这样，成功地避免了再次的伤害。虽然，他们的收养人有罪，但需要法律的制裁，不能再让这样的悲惨延续下去。

（1）乔尼能够感同身受地表达自己悲痛的心情，与莉莉进行沟通；并且晓以大义，希望她能从大局着想，提供这次入室杀人的线索。莉莉亲眼目睹了父母被残害的过程，而且也见过两名罪犯，所以，她的证词成功推进了案件调查的步伐。

（2）利库德虽然有罪，但童年的不幸遭遇是导致他犯罪的罪魁祸首，他的回忆再一次帮助案件进一步深入，从而能够阻止他哥哥的下一个行动，减少了一次不幸的事情！

当一件事情，你不知道该如何处理时，不妨多听听对方的意见。这样知己知彼，才能百战不殆。在商业谈判过程中，你既不能做很优秀的辩手，也不能做沉默寡言的人。不仅自己能说，而且能引导对方不断地讨论，这样才能实现双方的观点共融，从而获得双赢，谈判成功！

（Ⅰ）给对手说话的机会是给对方机会

很多人在日常生活中，会遇到这样的情况。也许是你的朋友，他和你在一起的时候，总是会唠唠叨叨地说个不停。但是，却从未想过给你一个机会表达心中的看法，从而总是自寻烦恼。有些事情，你可以不必一个人天天闷着头想该怎么做，适时地听听周围人的意见，他们会告诉你很多你不知道的事情。旁观者清，自己往往才是最不了解自己的人。

案例中的侧写师，没有自以为是地认为自己比罪犯的身份高一等，而且想尽办法了解他的过去来帮助他。很多时候，我们需要站在对方的立场上多想想，给他一个机会，让他来说。

（Ⅱ）给对手说话的机会是给自己机会

别人给你机会，你也要给别人机会，这不仅仅是一种互相尊重，更是交流的细节。不要总认为自己的想法、说法和做法都是对的，这样是固步自封。天外有天，人外有人，要虚心地向他人请教，多给对方机会。听听大家的想法，你会获得更多的启迪。

就像案例中的利库德，虽然他也犯了罪，但他的口供对最后的破案起到了关键性的作用。有时候，你的对手，也会摇身一变，成为你的帮手。只要出发点是一致的，就可以给自己一个机会，接受他的观点。

总之，多给对方说话的机会。不管在什么时候，只要你的对手愿意说话，你们的谈话就是有价值的，你就会得到满意的收获！

捣毁对手情感防线

——侧写的价值在于让对手崩溃

1.

注意突然出现的异常行为

再迅速的侦查也无法还原案发现场的真实，残留下的案件现场往往充斥着假象，布满了罪犯为了掩盖罪恶而设下的陷阱。侧写师凭借对生活的细致观察和敏锐的洞察力，能够捕捉到残留在空气中一丝一厘异于寻常的气息，无论对手如何想方设法去掩盖事实，最终总会露出破绽。

侧写师身立明处，却像正在伏击猎物的黑豹，远远观察着猎物的一举一动，耐心等待对方露出马脚，做到瞬间扑倒对手，一击致命。

7月盛夏，位于路易斯安那州南部的州府巴顿鲁并不平静，霍吉士大街23号发生了一起命案，死者名叫莉莉安，34岁，女性，生前是附近一家便利店的营业员。两年前她的丈夫在一场车祸中丧生，留下她和年少的儿子麦可相依为命。

根据案发现场的警员记录，莉莉安被杀死在床上，身上有两处伤口，第二处深深扎入心脏的伤口是致命伤。儿子麦可晕倒在床边，当时麦可手边有一把沾满鲜血的长匕首。经过警方刑侦鉴定，匕首上的血液和麦可衣服上的血液均来自莉莉安，匕首刀口形状与死者身上的伤口基本吻合，匕首柄上只有麦可和死者莉莉安的指纹。

侧写师比尔·卡博特接手案件后一直沉默不语，没有发表任何评论。从命案现场表现来看，麦可杀死母亲莉莉安的嫌疑最大。杀人动机可能是因为母亲不正派的作风，使原本残缺的家庭彻底陷入泥潭，母子关系极度恶化。在一次激烈的争执中，麦可情急之下杀死母亲后晕厥在现场。但清醒之后的麦可一直否认自己杀害了母亲。

"现场呈现出来的状态很奇怪。"比尔一边吐着烟圈，一边翻看现场的照片，"凶器是一柄长匕首，一个10岁的男孩使用起来并不会顺手。现场没有发现异常血迹，但这个洗脸池看起来干净得异常，应该是被刻意清洗过的。"比尔眉头紧锁，轻轻合上了档案集。

比尔带上助手前往附近的医院，去盘问刚刚醒过来的麦可。麦可长得白净斯文，个子在同龄人中偏矮，身材瘦弱，乍一看是个文静而纤弱的美少年。然而，比尔在走近观察时，发现他额头上有处明显的撞伤，同时眉眼之间有着不合年纪的深沉和愤怒。谈话间，麦可一直紧咬嘴唇，话语极少。

"我知道你心里难过，毕竟失去亲人是人生中最难以面对的变故。"比尔的声音低沉，好像一根弦轻轻探入对方心底。

麦可的面部微微抽搐了一下。

"想妈妈吗？"比尔趁势问道。

听到"妈妈"这两个字，麦可眼中闪过一丝异样的神情，他突然露出恶狠狠的表情，咬牙切齿道："不想！她不配。"

在成功调起麦可情绪后，比尔继续问："你对妈妈的感情很复杂……"

麦可的双眼紧紧盯着地面，好像要把地面看穿一般。末了，他突然说："是我杀了她。"

助手一惊，案件难道就要在嫌疑犯的自白中了结了？

"不对，不对，还有很多疑点。"比尔心里默念着，站起身来，开始环顾整个屋子，床、餐桌……屋子很陈旧，家具破旧，餐厅的灯也是坏的，整个屋子黑沉沉的。

就在比尔和助手查看屋子的时候，突然闯进来一个中年男子，自称是麦可的叔叔，也就是莉莉安丈夫的同胞弟弟弗兰克，他准备来接走麦可。比尔回头用目光仔细打量这个男子，高大、壮实，身着一套蓝色胶质电工服。当目光打量到男子胯部时，男子突然摘下了手套，向比尔走过来要同他握手。

凶手就是他了！比尔心里微微一笑，一切案件要素似乎联系起来了，现在需要做的仅仅是找到更多的证据支持……

回到警署，比尔将自己的推断告诉了助手。

最初这个案件的疑点在于：

麦可年纪小，身矮体弱，他持一把长匕首想从由上而下的角度插中母亲心脏明显存在不合理；

整个屋子较脏乱，干净的洗脸池不合常态，可能疑犯有过清洗血迹的行为；

麦可的晕厥并不是偶然或者是情绪过激所致，额头处的伤痕表明他可能是被猛烈撞晕的。

然而，能将所有疑点解开的关键点却有些让人出乎意料，恰恰是麦可的叔叔弗兰克摘下胶皮手套要跟比尔握手的这个举动暴露了一切！这看似很正常的举动却被比尔观察得很透彻。

案件很快被侦破，凶手正是麦可的叔叔弗兰克。在审问室里，弗兰克交代了一切。他因为坚持认为自己哥哥是在捉奸路上遇到车祸的，而将仇恨转移到嫂子莉莉安的身上。麦可多年目睹母亲风流的现实，幼小的内心受到极度扭曲。

案发当天，麦可家的电灯坏了，作为电工的叔叔弗兰克前来修理，在修理过程中与莉莉安就当年哥哥的死亡事情发生争执，在争执中弗兰克拿起长匕首试图威胁莉莉安，麦可想要阻拦，却被甩到了一边，头部撞到墙面而晕厥。弗兰克在情急下杀死莉莉安，甩下匕首，清理血迹后离开现场。因为是电工，夏季戴着手套也不会被怀疑，所以现场没有遗留他的指纹。但就在同比尔面对面的时候，掩护工具手套使他产生了胆怯，担心手套还会遗留下痕迹，被比尔发现，所以不自然地取下手套上前握手。

是什么让比尔怀疑弗兰克才是杀人凶手呢？

（1）麦可只是一个小孩，他的力量与伤口的深度和角度完全不吻合。

（2）弗兰克进门时略带敌意，并没有第一时间要握手的意思。但当他发现比尔的目光移动到他手部附近时，他突然摘下手套，走上前来要握手，其目的必然是想要借此掩饰什么。他的异常行为出卖了他的内心。

（3）弗兰克因为是电工，夏天戴着手套也不会引起怀疑，可是正因为下意识地脱下手套而引起了比尔的怀疑。再加上坏了的电灯，更可以与其电工身份串联起来。

（4）麦可因为撞到墙面而晕厥，弗兰克有时间清理第三者的指纹，再加上麦可对风流母亲的深深敌意，让他隐瞒真相，没有供出弗兰克。

抓住异于平常的行为能够迅速戳穿对方巧妙伪装的面具，攻破其精心制造的堡垒。世间再精妙绝伦的假象也不会同事实一般顺畅自然，其中必然存有破绽。破绽定然异于寻常，只是深藏于万象之中，转瞬即逝，想要抓住它就需要做到以下几点。

（Ⅰ）对常规状态的正确判断

生活的常态很容易被忽视。据调查，98%以上的人回忆不出每天在使用的牙刷颜色。平凡而普通的事物的确难以吸引眼球注意力和给予大脑皮层足够的刺激，但对生活常态的熟悉和感知度是发现异常的前提，必不可少。

通过训练可以逐渐培养这种对常态的判断力：留意身边所有自然事物的存在，大到整个城市的布局，小到小区车辆的车牌号码，甚至是邻居女儿头绳的颜色。事物本身意义大小并不重要，重要的是你能意识到它们的存在，以及它们是否跟前一天或者跟大多数状态一致。

（Ⅱ）对细枝末节的敏锐观察

整体是细节的堆砌，细节的存在和组合决定了整体性质，对细节的观察程度直接关系到对整体的把握。一个眼神、一次皱眉、一次撇嘴都能反映出人物内心的动向，是人物内心无法掩藏的真实写照。

心理学研究结果表明，当人们在撒谎时，眼珠会不由自主地向左上方看，而在回忆过去时眼珠会向右侧转动，这些运动是由大脑皮层活动导致的，属于潜意识行为，难以刻意掩饰。大多数人根本未曾留意过对方眼球的运动，于是错失窥视对方内心的良机。

想要抓住那些细微的关键点，就必须提升对细节的洞察力。尝试记忆每天过目的物品颜色形状、人物面庞特征、行为举止等，然后在闲暇时对其一一进行回忆。练习方法操作起来并不复杂，只要肯坚持，用不了多久，你就会经常听到"你眼力真好"和"你观察得好仔细"这样的称赞声。

（Ⅲ）将异常行为与目的性关联

行为的背后必然带有目的性，事物的普遍联系混有复杂的表象，我们需要做到的就是能够将行为与目的性正确关联起来。

例如，上司私下约你谈话，要给你增加薪酬或者提升岗位，如果此刻你头脑里闪现的只是上司的恩惠，那么很可能你就被表象蒙蔽。嘉奖背后极可能关联着更多复杂元素，如增加一倍的薪酬是要增加两倍的工作量，提升岗位的交换条件是放弃另一部分很有利润的职责等。是真恩惠还是假作情，就需要你观察公司发展状况，留意身边人事变动，对比过往惯例等因素来找到异常行为，从而做出正确的判断。

2.
抓住语言关键点重复

当与犯罪嫌疑人交锋时，侧写师总是能准确揣测对方心理，步步紧逼心理防线，一旦找到关键点，就紧抓不放，用言语的力量给对方心理带来巨大的冲击，轻松击垮对手。

侧写师的交谈技巧有时并不复杂，巧妙运用重复，就能将言语的力量放大百倍，对手的情绪也就在这反复的词句间被瞬间控制。

瑞金楼是个环境不错的公寓，前不久这里刚刚发生了一起骇人听闻的杀人事件。

死者是住在 1020 室的独居男住客艾德温。他被人用电锯从腰部锯开，血水渗透了整个床单。他是被凶手用哥罗芳（迷药）迷晕后，用电锯拦腰锯开致死的。尸体躺卧的床板也被锯出了一个大缺口，尸体切口与床板切口一致。如此狠毒的杀人手法令人发指！警方推测，凶手和死者之间一定有什么血海深仇。

尼尔森·艾迪向上级请求支援，调来了四十六名警员，挨家挨户进行调查。尼尔森带领调查组对凶案发生的十楼作重点调查，期望尽快从邻里口中获得有用的资料。侧写师杰克·怀恩斯接到联邦调查局的指示，参与案件的侦破。杰克仔细查看了血案现场和大楼内部及周边环境，开始了与重点人物包括大厦管理员、清洁女工等人的约谈。

回到警局杰克将自己的推测告诉了大家，他认为大厦管理员布朗先生，也就是报案人就是这起案件的凶手！

很快杰克和助手在录音会面室跟布朗进行了对话，全程审讯通过多台安装在室内的摄录机记录，日后可作为呈堂供词。

杰克先向布朗宣读警戒词，要求布朗坦白认罪。但布朗对此嗤之以鼻，他翻来覆去地说道："有证据的话，尽管告我，我可是握有最无懈可击的不在场证明。"

杰克说："你那个所谓完美的不在场证明，已经完全无效了，我已经识破你的诡计，我劝你还是从实招来吧！布朗先生。"

布朗先是一震，脸部肌肉抽搐了一下，但很快恢复镇定，双眼直视杰克："你说识破我的诡计，到底是什么诡计？我可是有不在场证明的。"

"布朗先生，太可惜了，不在场证明已经被我完全攻陷，它做不了你的保护伞，更不会是你的救世主。"杰克站起身来，"世间没有完美的不在场证明，除非它是刻意假造的！你过分强调你的不在场，所以反而引起了我的注意。"

杰克随即甩出一张总电闸上的指纹照片和一条带有一小处干涸血迹的黑制服裤，以胜利者的姿态傲视着，布朗顿时面如死灰。

据杰克调查，原来布朗的妻子与艾德温有奸情，布朗发现后多次阻止，但都未果。后来布朗发现艾德温经常带各种女人回家，更加深了他的仇恨。

因为是大厦管理员，所以布朗想出了制造不在场证明的方法来杀害艾德温，并付之行动。他先将艾德温迷晕，放在床上，然后将房间总电闸关闭，并将打开开关的电锯（因为电闸关闭，此时无法运作）放在支架上位于艾德温的腰部。在陪同电力公司人员去查电表的途中，他抽空过来打开总电闸，房间内的电锯就会工作。完成后他只需要进入房间，绕过血迹取走电锯藏匿好，并及时假装发现命案去报案，完美的不在场证明就形成了。

杰克之所以推断出布朗就是凶手，主要是因为：

（1）布朗过分强调自己的"优势"，多番语言重复，只是想引起警察关注他的不在场证明。这样的反复来回的强调，恰恰侧证了布朗是有计划地行动。

（2）妻子和死者的多次奸情就是布朗的杀人动机，再加上杰克找到的证据，足以证明该起案件是心虚的布朗所为。

如同案例中一样，错误的重复不仅不能起到效果，反而会被人看穿自己的内心。所以应该明确怎样去重复。

（Ⅰ）选取有意义的关键点进行重复

必须明确，如果重复重点，那么你必须以不同的方式进行重复，简单的重复是乏味的。换句话说，在特定的场合下，你可能一遍又一遍地重复相同的语句，但这种重复应该是一种有意识的决定，而不是失败的、没有灵感的结果。

（Ⅱ）使用多种重复形式

使用排比重复也是一种方法，即在句中使词或短语互相呼应。约翰·F·肯尼迪经常在他的演讲中有节奏地重复关键词，例如："不仅我们的时代需要和平，所有的时代都需要。"人们总能注意并铭记这些语句。例如，最近在谋杀罪庭审上一句话被全国媒体广泛引用，内容是这样的："这样的事以前从来没有发生过，现在没有发生，以后也不会发生。"

（Ⅲ）把关键点整理成三组

"三"这个数字似乎具有某种魔力。对谈话的分析研究表明，在自然的交流中，谈话人把自己的观点罗列成三部分，将能有效强化表述效果。这种显著的三分法具有广泛的适用性。

例如：

"他真伟大，他太神奇了。"听上去像是采访一位足球运动员的访谈摘录。

"他真伟大，他太神奇了，他是明星。"至少听上去像是采访一位经理的访谈摘录。

句子的结构平衡了，赞美的意思自然也就表达完整了。

再如：

罗伯特·英格索（Robert Ingersoll）在参观拿破仑的坟墓时说道："我看见他出现在土伦，看见他击败群盗，看见他率军昂首前进，看见他出现在埃及，出现在艾尔巴。"

你可以修改并套用上述语句的格式：我看见一个漂亮的金发女孩正走在去往学校的路上，我看见她穿过马路，我看见她在回家的路上，边走边和她的朋友玩闹……

如果你的讲话中出现了某个技巧的用武之地，并且它能使你达到预期的目的，那么你就尽管使用，这样就可以加深对方对你讲话内容的记忆。当然要运用得恰到好处，不要让你的表达充斥着言辞上的伎俩，过多的重复会让对方产生这不过是一种技巧的看法。

3.
谎言倒过来说

　　侧写师在案件侦破过程中要接触众多案件关联人，他们的表达中充满着同事实交错着的谎言。有的谎言很粗劣，轻易就能识破；有的谎言因为包含元素众多、构架复杂而难以发现其中的破绽。通常侧写师会颠倒谎言顺序，打破说谎者构建的框架，从而让矛盾和破绽自己浮出水面。

　　侧写师会认真倾听事件的陈述，记住每一个要素和排列顺序，通过提问来颠倒要素顺序，考察陈述者的陈述是否是他们真实的经历。谎言倒过来说，就会不攻自破。

　　侧写师史考特最近接手了一个案件。案件发生在德克萨斯州沃斯堡附近的山间小屋里，死者是一名青年女性，被吊死在小屋的横梁上。发现命案者是一名常年在山上坚持锻炼的老人，据老人表示，下午2点他经过小屋附近，无意间从窗户外看到屋子里有吊着的人影，他慌忙下山去喊人。当老人带着警察到达小屋时已经是 4 点了，警察进入小屋，发现死者尸体，初步断定，死者并非自杀，而是被人先用细线勒死，再用绳索悬挂在横梁上。

警察调查了跟女子有关的人员以及当天在小屋附近出现过的人员，发现其中一名叫贝恩斯的男子作案嫌疑重大。但贝恩斯却提供了下午 2 点以前的不在场证明，这让警方非常头疼。

警方请来贝恩斯，侦讯其在命案当天做过哪些事情。

史考特看着贝恩斯，后者面无表情地迎视史考特的目光。

"贝恩斯先生，"史考特说，"命案发生当天你做过哪些事情？请你详细地讲述一下，不要落掉其中任何一件事情。尤其是从中午开始到下午 4 点前那段时间，请清楚地描述细节。"

贝恩斯慢条斯理地拿出香烟，准备点火。

"先生，这里是林区，禁止吸烟。"史考特很快地说。

贝恩斯无可奈何地笑笑，举举香烟，然后收回。

"警官，那天上午我 7 点钟准时起床，出门去看望沃特太太家的马，因为前几日听她说她家的马怀孕了，我去看看情况。之后本来打算去麦考特钟表店取回我的手表，但路上却遇到了巴迪。你知道的，巴迪总是很喜欢拉人陪他去喝酒，即使是在上午也是这样。因为之前我母亲生病时他帮忙清理过后院，所以我不能拒绝他的邀请，就跟他一直在酒吧喝酒聊天到中午。这点你可以去问巴迪，他可以帮我作证！"

贝恩斯停顿了一会儿，继续说道："等到我走出酒吧的时候，我觉得差不多快1点了，虽然喝了酒，但我还是很想去河边钓鱼。去河边之前，我还特意回家取了渔具，顺便把后院清了一遍。之后我便一直在河边钓鱼，那天运气貌似不好，很久也没有钓到鱼。大概3点的样子，我很扫兴地带着我的渔具回到了镇上，之后才上山经过那个木屋的。但当时我走得很快，压根没去注意木屋里的情况。后来，我在山上又……"

"那么你在回家取渔具的路上遇到了哪些人没有？""你钓鱼的时候，鱼一次都没有咬饵食吗？拉过几次鱼线？"……史考特听完贝恩斯的叙述后，又紧接着提出了几个非常细节的问题。贝恩斯都一一做出了回答。

"好的，贝恩斯先生，你刚才做出的回答，我已经详细记录下来了。那么，现在让我们重新整理一下命案当天你所做过的所有事情，包括我刚才提问的那些细节，但这次你要从事情的结尾往前说。"史考特合上记录本，直视贝恩斯。

"这个……"贝恩斯的脸色顿时变得十分为难，倒着叙述让他的表达变得磕磕巴巴，很难进行下去，虽然他一直在努力地回忆，但他无法再试图继续编造谎言。

史考特用了什么方法来套出贝恩斯是说谎的呢？

（1）史考特认为，死者是被人用细线勒死的，而有足够韧劲的细线除了铁丝，也只有钓鱼线，这引起了他的初步怀疑。

（2）有一种情况下人们连大概复述都难以实现，那就是说谎的时候。这时逻辑思维会不符合事实，更加混乱。史考特正是利用这一点，恰到好处地让案犯不打自招。

生活中人们每进行十分钟的谈话，平均就有三个谎言。对方在跟你交流时，可能不时地加入编造好的谎言。巧妙的谎言顺着编造者的构思顺序尚能达到圆满，一旦颠倒顺序，对方在短时间内就难以圆谎。

运用颠倒顺序的方法，要求对方将谎言倒过来说，不失为一种良策。在运用这种方法的时候需要学会：

（Ⅰ）用发问来把握主导权

交流中，人们通过接受对方的言语信息，经过思维加工去再现对方描述的事件和情景。因为这是被动的信息接受，所以很容易被心理暗示，走进设置好的圈套中。那么想要打破局面，就必须扭转交谈中的位置，把握主导权。通过提问或者提出要求的方式能够把握整个谈话的主导权，使对方处于你的控制之中。

例如，每个人在幼年时都有被家长训话的经历。回忆当时，发问者永远都是家长，他们充分把握着整个对话的主导权，就他们想了解的问题进行不断的、快速的发问。而我们只有不停地在头脑中拼命搜索、回忆，稍有迟疑或者表达不畅就会被怀疑在撒谎。

提问先从一般性的问题开始，然后需要尽可能多地提出细节性的开放性问题，而不是那种"是不是"、"对不对"的是否问题。

（Ⅱ）颠倒要素顺序，打破谎言框架

说谎者并没有真实经历过他们所描述的谎言情景，所有的表达要素和事件发生顺序都是由他们一手策划、导演的，其过程需要经过缜密的思考和反复推敲才能无限近似真实，达到迷惑大众的效果。一旦被要求倒叙谎言，他们的大脑就来不及重新编造，况且即使勉强编出谎言也难以与正序版本完全吻合。这时说谎者内心和情绪的波动都会通过表情、言语、细微动作显现出来，谎言就会被当场戳穿。

在日常交谈时，如果你对对方刚才的陈述持怀疑态度，不妨试试要求对方倒叙一遍。如果对方是亲友或者同事，你觉得这样要求有些伤及情面，那么大可以打乱要素顺序随意发问，看看对方是否能够顺利回答，且前后叙述完全吻合。

（Ⅲ）最初的倾听也很重要

谈话中25%的关键性发问和75%的倾听比例最为恰当。

当然，倾听是为了在后面的谈话过程中比对出对方的失误，发现谎言。在最初交谈时可以先让对方充分叙述，仔细倾听对方的叙述，详细记录事件和要素出现的顺序。待对方事无巨细地将事情讲述一遍之后，你就可以要求他将事情反过来说一遍。

　　在对方进行倒叙时，要注意对方的言语流利程度、表情神态、肢体动作，更要与之前的陈述进行比对，迅速找出其中的矛盾点和细节破绽。

　　巧妙运用颠倒叙述的方法，就能让那些精心构建的谎言大厦瞬间坍塌，让自以为聪明过人的说谎者低头认输。

4.
沉默时间不宜过长

侧写师善于在沟通中挖掘更多言语之外的信息。对话时，侧写师会主动采取沉默，给对方提供必要的思考时间；也会准确控制沉默时长，果断打破沉默，不给对方过多的心理调整机会；更会利用沉默来掌控主导整体局面。

短暂的沉默是侧写师经过考虑有计划、主动引发的，是一种具有价值的沉默。通过适时的沉默可以引导对手情绪。当对手有一些不合理的叙述时，侧写师采取沉默的反应方式，迫使对方不得不去回想刚说的内容，自己去发现问题。当对方谈到一些关键性问题时，侧写师的沉默不仅表示"我在注意听"，而且给对方深入探索的机会。当双方进入心理对峙期时，沉默往往会让心理承受力弱的一方彻底崩溃。

4月30日上午，美国纽约州小城宾厄姆顿发生枪击案。案发地点在公民协会——为移民和难民服务的机构。案发时，凶手先用自己的车将后门堵住，然后持枪从前门冲入，射伤前台接待人员后进入一间正在上课的教室，开枪打死13人，击伤21人。警方接到报警后2分钟到达现场，到达时枪击已经结束。

经查证，凶手为一名44岁越南裔男子，近期遭公司裁员，但该公司表示没有此人工作过的记录。FBI派出侧写师伍迪着手对凶嫌建立心理侧写以确定其作案动机。

"杰弗里，警方调查了你的档案，越南裔，43岁，未婚。"伍迪开始了对话，"谈一下你的过往经历吧。"

对面的男子并不开口，选择了沉默不语。

"据警方了解，2006年到2007年期间你曾住在加利福尼亚州，做过一段时间的送货司机，后来转去电子公司做工程师，是这样的吧？"

对方点头认同。

"你曾经的同事评价你不是个很暴躁的人，而且懂得尊重身边的同事。但是，你的英语似乎讲得很不流利。"没等伍迪说完，杰弗里打断了他的讲话。

"是的，我随父母移民过来，但你们不能要求每个移民者英语流利。"杰弗里似乎在为自己辩解。

"你的姐姐告诉我们，你是公民协会的常客。你和里面的人存在什么过节吗？或者有什么事情让你很不愉快？"伍迪转换了话题，继续谈话。

"没有，那个协会根本不能解决所谓的问题。"

杰弗里抬头看了看伍迪。

伍迪稍微停顿了一会儿，见杰弗里没有继续讲下去，就继续了他的问话。"那么，据了解，近期你被公司裁员，失去了工作。这次失业是不是让你陷入了困境？"

杰弗里咬着嘴唇，十指交叉紧握，并不讲话。

"在我看来，越南裔的身份让你在过去的经历中备受歧视。你的生活比较失败，与父母和姐姐同住，经济贫困。你相貌平庸，比较敏感，却不太擅长和人沟通。公司的工作是你得以生活的支持，但最近经济不景气，公司开始大规模裁员，而你因为并非高端技术人才而被解雇。自身的迷茫，家庭的困窘，身边人对你的歧视，再加上丢掉工作，这些都让你陷入了巨大的困境，让你举步维艰，甚至不知道该如何继续生活下去了。是不是？"伍迪一口气说完了上段话，停了下来，他目不转睛地盯着杰弗里的脸，而杰弗里似乎不敢抬头，他低头看着地面。

房间顿时安静下来，谈话进入了沉默阶段。

杰弗里的呼吸起伏逐渐变大，双手不住地在微微颤抖，可以看出他内心纠结得很厉害。几秒钟的寂静把杰弗里的呼吸声音无限放大，空荡荡的房间里充满着急促的呼吸声，仿佛是歇斯底里的喘气一般，让人感到压抑。

伍迪打破沉默。"所以，你感觉社会容不下你，你想把这些愤怒和以往受到的歧视、羞辱都转化为一种敌视，想去报复这个社会，于是你选择公民协会作为目标。可是，你有没有想过，那些被你杀死的人可能也跟你一样经历着人生的磨难，生活在困境中？你考虑过他们的感受吗？"伍迪大声呵斥道。

杰弗里用双手捂住脸，双肩抖动，喉咙里发出哽咽的声音。他承认了是他所为。

伍迪在谈话时之所以可以认定杰弗里就是案犯，是因为：

（1）伍迪通过对杰弗里的背景调查，了解到杰弗里的贫寒家境与性格缺陷，他有足够的理由做出极端的行为，再加上社会对他的排斥，更肯定他有犯案的动机。

（2）在问话时，杰弗里的沉默引起了伍迪的注意，他的沉默似乎默认了所有的犯罪事实，再加上对他的表情与细节的观察，更能认定他就是这起枪击案的作案者。

对于交流中的沉默，有些人常感到焦虑不安，为避免沉默引起的难堪，有的人急于用谈话来填补沉默，有的人急于以提问来迫使对方打破沉默。这些并非是最佳的做法。

因为沉默作为一种非言语表达方式，包含着许多重要信息。面对沉默，理应保持镇定，探索和分辨沉默的含义，然后采取合理的应对措施。

（Ⅰ）有意识控制沉默时间，运用沉默发挥效力

沉默的时机并不是固定的，它可以出现在谈话的开始、中

间，也可以出现在谈话的最后时刻。总的原则就是"避其锋芒"，观察对方有多急切地想表达观点，让对方说够，也给自己充足的时间倾听和思考；给对方制造一种被尊重的感觉，也让自己保持成竹在胸、沉着冷静的姿态。当然，凡事要有度，若是沉默时间过长，让双方都觉得有些尴尬了，那就是冷场，也是社交中的大忌，这时就要赶快找些话题，打破僵局，及时缓解气氛。

（Ⅱ）适时打破沉默

俗话说"金口难开"。只有自己开口讲出的是"金"，你才能引出别人的"金"来。

根据人们日常的社交习惯和心理，打破沉默局面有两个基本要求。

a. 深入分析引起沉默的真实原因。如对方因患急性咽喉炎而不愿说话，你却以为对方对话题没有兴趣，于是转换话题想打破沉默状态，那肯定是难以奏效的。

b. 在打破沉默的过程中，不要给对方压力。只有巧妙地打破沉默，才能给双方带来语言沟通的热情和感受到社交的乐趣。

例如，你的朋友第一次参加某社团的集体活动，因拘谨而沉默寡言，这时你可主动向他介绍有关的情况，并为他引见，在轻松愉快的气氛中，使你的朋友不知不觉地消除拘束感，沉默也就被打破了。

（Ⅲ）短暂沉默是引起注意的最好方式

适当的沉默有时比激情的演说更有威慑力，沉默后的发言更容易得到别人的重视，短暂沉默也可以成为一种引起注意的策略。

如果一位律师在阐述最后意见时，突然发现后排的某位原本眼神闪烁的陪审团成员闭上了眼睛，他将采取什么措施呢？提高嗓音，改变主题，抑或抓住陪审团席前的栏杆继续滔滔不绝？都不是！他应该停下来，等待，保持沉默！气氛会越来越紧张，直到所有陪审员的目光都集中到他身上。这时，这个律师就成了陪审团关注的焦点，接下来他所说的话、所做的事都会被记住。

这个方法极其灵验，使用此法一定会获得特别的注意，讲话也就达到了预期的目的。

5.

适时亮出手中的王牌

　　侧写师的职责就是善于利用已掌握的每条信息，作为交谈中的筹码。而一些关键性的信息则要在能发挥最大效力的时机亮出，让对手只有招架之势，毫无还手之力。侧写师不会放过每一条跟案件有关的信息，他们会对每个关联人的背景资料及之间的关联做详尽的分析和了解，在交谈前他们早已胸有成竹，胜券在握。

　　一个成功的侧写师仿佛会洞穿他人内心一般，对手永远不知道还有多少事实掌握在侧写师手里，其实侧写师做的仅是适时亮出手中的王牌，在心理上战胜对手。

　　俄亥俄州克利夫兰的一位当地名人克莱伦斯·戴洛在家过世，死因是心脏休克，最终导致大脑死亡。根据其弥留时的遗嘱，戴洛老先生的大部分遗产，包括他的庄园、田地及投资都由二女儿贝拉继承，对前妻所生的大女儿玛丽莲娜只字未提。由于弥留时戴洛已经不能执笔，口述遗嘱时仅有其二女儿贝拉和私人医生穆雷在场。

根据初步排查，戴洛先生虽然一直卧床病重，但病情尚属稳定，突然死亡，他杀的可能性较大。但戴洛先生生前并无仇家，晚年在家休养，极少与外界接触，所以警方将目标锁定在其家庭内部。

侧写师史蒂芬·莱特受到上级委派，负责案件侧写工作。他详细了解案情，并走访当地周边后，开始了对戴洛家族内部人员的约谈。由于遗产的分配二女儿贝拉是最大的获利者，所以她有较大嫌疑，但史蒂芬选择在约谈过所有人员之后，最后同贝拉谈话。

"贝拉女士，您跟您父亲的感情如何?"史蒂芬开始了对话。

"父亲年轻时忙于他的生意，很少顾及对我的照顾。不过，年老后他在家休养，经常管教我们。"

"贝拉女士，您父亲死亡时，您在场吗?"

"是的，我在场。同时在场的还有穆雷先生。"贝拉靠在椅背上，双手交叉扶着手肘。

"您父亲临死前说过些什么吗?"

"父亲当时十分虚弱，说话也很困难，我凑到他嘴边才能听清楚他的话，他将遗产进行了分配，具体就像遗嘱上说的那样。"

"你是凑到他嘴边才听清楚的，那么换句话说，穆雷先生其实并没有听见戴洛先生的话，他记录的都是你的转述，是吗？"史蒂芬盯着贝拉，问道。

贝拉迟疑了一下，说道："您这个话是什么意思，一个病危的人说话声音怎么会很大，这也不是我能决定的。"

"好的。那么穆雷先生在您父亲去世前就在记录您父亲所说的话，而不是履行一个家庭医生的职责去救护？"

"这个……父亲过世突然，我们也没有准备。"贝拉皱了皱眉头。

短暂的沉默，史蒂芬看着贝拉，贝拉却不敢抬头。"是时候了。"史蒂芬心想。他起身绕过面前的桌子，提高语调，步步走向贝拉。

"贝拉女士，"史蒂芬大声说，"那么，请问您和穆雷先生之间关系如何？"

"你这个话是什么意思？"贝拉一愣，"他只是家庭医生，我们关系如何跟父亲的死有什么关系？"她激动地辩解着，脸上是掩饰不住的紧张。

"呵呵，你不用掩饰，穆雷先生已经承认你们之间的奸情了。"史蒂芬微微低头，一副胸有成竹的样子看着贝拉。

贝拉沉默不语，双手手指不停地在绞动裙摆褶边。

"杀害戴洛先生的主谋就是你，贝拉小姐！"史蒂芬转回身，双手支撑桌面，"其实戴洛先生早就发现了你跟穆雷之间的奸情，他劝说过你，但你拒绝听从。戴洛先生警告过你，如果拒不悔改，他将除去你在遗嘱中的所有份额。所以在两年前的遗嘱中，他把大部分遗产留给了你姐姐玛丽莲娜，那是因为你的那份被并过去了。之后你虽然表面悔改，但私下依旧同穆雷勾连，而且被戴洛先生发现，这次他扬言要将你逐出庄园。于是，你动了杀害他的念头，并且迁怒于你的同父异母的姐姐玛丽莲娜，认为都是她从中告密。你说服穆雷，加大了药量，杀死你的父亲，修改了遗嘱。"

史蒂芬推测贝拉就是凶手，使用的方式主要是：

（1）史蒂芬怀疑贝拉是主谋的依据为贝拉是次女，却是最大的受益人。而且从贝拉口中得知，老人家死时将大部分遗产划于她的名下，除了她的同谋，并无其他子女在场。

（2）史蒂芬通过调查分析，在案件无头绪的情况下亮出王牌，果断地给出贝拉与同谋的关系，引出他们的奸情。

（3）史蒂芬在亮出王牌后，贝拉的表现已经很明显。经过调查，他得出贝拉的杀人动机。

（Ⅰ）选择恰当的时机

生活中大家都会有这种经历，同样的话在不同场合、不同时机讲出来，产生的效果大相径庭，可见选取恰当的时机和营造合适的氛围十分重要。即使是有分量的话也并不是什么时候都适用，并不是什么时候都能给自己带来好处，而是要看时机。时机对了，那就是力量；时机不对，那就成了阻碍！但何时才是这"决定性的瞬间"，怎样才能判明并及时抓住时机，并没有一定的规则，主要视谈话时的具体情况而定，如对方的心情、当时的环境等一系列的因素。

例如，你想要加薪但又不知道该如何向上司提出来，那么这时审时度势就显得很重要。你必须在时间、地点、场合都合适的情况下提出加薪。否则，即使你的理由充分，贸然提出也只会引起反感。

只有在适当的环境使用你的信息，才能让信息变得有价值，否则就是失败的浪费。

（Ⅱ）掌握具有震慑力的王牌

能够作为王牌的信息往往都具有重要的价值，可能是对方最怕你知道的秘密、对方最关注的社会关系、对方最看重的评价等。

掌握"王牌"信息的前提是必须做足大量的功课。要全面了解你的对手，包括生活经历、个性好恶、亲朋关系等各个方面。你掌握的信息越是全面，越是为他人所不知，那么其中含有"王牌"信息的可能性便越大。之后就是对你所掌握的信息进行综合分析和筛选，依据可能要进行的谈话内容和目的，选取出最具有价值的信息，将它作为"王牌"适时亮出。

6.
恐吓与安抚并行

恐吓总是和威胁并用，是指手握他人的把柄来强迫他人做某件事，有很强硬的态度。而安抚则是安慰、抚慰他人的愤怒与焦虑，带有积极的作用。

人们在需要别人或者指示别人办事的时候，总要先分析这个人的性格，再去想用怎样的方式方法让他来给自己办事。有的人吃软不吃硬，需要哄。有的人只吃硬的，喜欢在威严的胁迫下硬着头皮去做。

无论是威严恐吓，还是轻声细语的安抚，都是为了达到自己的目的。

侧写师认为，在对罪犯运用恐吓和安抚的方式时，要清楚地了解对方的性格特点，不能盲目地威胁，也不能心软地抚慰。必要时，恐吓和安抚要夹杂并行，才能使罪犯更快地妥协。

警察连日来巡查芝加哥城夜市，突袭部分娱乐场所，在一间酒吧里，发现有几个人正在吸食摇头丸和冰毒，而这些吸食毒品的人居然都是芝加哥某中学的学生。警察逮捕他们时，他们还处在醉生梦死的状态，不知道自己在干什么。

为了拯救这些学生，警方决定连根铲除这些危害青年的毒贩。纳斯是负责这起案件的警长，他认为现在唯一的线索就是那些受害的学生和酒吧的老板。

第二天，等那些学生清醒之后，纳斯给他们录口供。他们总共有五个人，其中有一个叫泰利的女学生非常惊恐，她不知道自己为什么会在这里，显得有些惊慌失措。纳斯调查过她的背景，泰利是个乖孩子，因为父亲生病，所以经常要照顾他，平时根本没有时间出去玩，更不去酒吧，这次是因为那几个学生偷了她父亲送给她的贵重物品，要挟她一起去。

泰利很紧张，纳斯语重心长地安慰道："别怕，照实说出昨天晚上发生的事就可以了，我们不会为难你的。"泰利全身颤抖地说："不知道，我什么都不知道。"纳斯又问："昨天晚上你嗑的药是谁给你的？想想看。"泰利默不作声地摇摇头。"我知道你很怕，我对你也有所了解，你是个好孩子，平时应该不去酒吧玩，你想想，如果我们不抓到那些坏人，还会有更多的孩子像你一样受害，你想解救他们吗？"泰利是个品学兼优的好学生，她想了想，觉得警长说的话有道理，她鼓起勇气，小声地说："是乔恩，是他胁迫我吃药，他说我吃了，就把东西还给我。你们千万不要说是我说的，我怕他会找我麻烦。"纳斯答应了她。

案件初步有了线索，纳斯心想：一个学生怎么会有货的？乔恩肯定也是被人利用的。

纳斯将乔恩带到审讯室问话："现在有人指证你，那些药都是你的。""我没有，是谁，是谁说我的？"乔恩抵赖。"你不用狡辩了，我们已经查过了，他们都说是你胁迫泰利，你抢了她的东西，要她陪你疯，是不是？"纳斯加重语气。"没有。"乔恩还是不说。"怎么？还不承认？酒吧里有很多人都看到了，你嗑药，这就是事实。只要你说出这些药是谁卖给你的，我可以放了你。如果你不说，你就等着坐牢，你才多大，别毁了自己的前程，这是何必呢？"乔恩思考了片刻，不知所措地说："不行啊，要是说了，我自己也会有麻烦，求求你，放过我吧！"

此时，警员正在另外一边给酒吧老板录口供。这名警员已经问出结果了，本来酒吧老板不肯说，警员威胁他要让他的酒吧结业，还要起诉他，毕竟这些学生是在他的酒吧里嗑药的，如果可以提供线索，以后还可以继续营业，警察也会关照。酒吧老板最终提供了线索：有一个叫纳瓦尔的男子经常和乔恩混在一起。

酒吧老板审问过后，纳斯心里有了底，对乔恩说："你不用怕，我们知道是谁，只要你和警方合作，我们会二十四小时保护你，我们只想抓到害群之马。如果你不说，你就和他们一样。当然，定罪也一样，知情不报，会判重刑，想想以后，想想你的父母。"乔恩听了，又思考了一会儿，终于说出了是谁给他的药，就是纳瓦尔。他还供出了他们经常交易的地点，毒贩经常出没的地方。

纳斯赶紧部署，晚上在毒品交易现场将纳瓦尔抓获，并一层一层揭开上层卖家，将一个危害学生的犯罪团伙连根拔起，案件成功告破。

纳斯之所以可以找到层层线索，很快侦破案件，是因为：

（1）在对泰利审问期间，先了解了泰利的背景，知道她其实是受害者，并好言安抚她。他知道泰利是个好孩子，给她说道理，让泰利冷静下来，揭开第一道线索。

（2）警员对酒吧老板进行审问，威胁他毒品是出现在他的酒吧里的，所以要负相应的责任，如果可以提供线索，酒吧还可以照常经营。

（3）纳斯通过泰利的口供，了解到药是乔恩所提供的，于是威胁年轻的乔恩，如果不说出上家，下场就和毒贩们一样；如果提供线索，则可以一如往常。恐吓与安抚并行，最终从乔恩口中了解到大量信息，再加上酒吧老板的证词，抓获贩毒团伙。

在已经了解他人的性格特点的前提下，要学会应用相应的方式方法来对症下药，套取自己所需的信息。

在商业合作中，学会恐吓和安抚并行，可以更快更好地获得合作的机会。人是有思想的动物，不能用单一的方法来解决问题。所以，依照他人的性格，可以尝试使用恐吓和安抚的方法，软硬兼施。

（Ⅰ）威胁加上安抚

a. 恐吓与安抚

在生活中，人们或多或少有不愿意做却又必须做的事，处于一种被动的状态。例如，早上睡得很香，可是不得不去上学，父母会在身边哄着你："听话，赶紧起床。"又或者会说："再不起床就会迟到，迟到会被老师罚站。"连哄带吓，使你勉强起床。

在工作中，虽然已经完成了自己的本职任务，可是因为任务量加大，需要另做别的事。如果你不愿意的话，老板会板着脸说："你不做，会有别人做，这个月的工资你看着办！"你无意间被强迫了，会勉强地去完成。老板见你态度好，做事麻利，也许会说："干得不错，这项工作完成了，加薪肯定少不了你。"在威胁和诱惑下，你最终不得不去做。

b. 学会使用软硬

有的人态度强硬，喜欢别人哄他做事。有的人性情软弱，稍有威胁便完全被震慑住。

在我们没有了解别人的性格之前，不能盲目地去威胁，这种方法很容易撕破脸。态度强硬的人性情急躁，往往也有种压迫者的态度，换句话来说，是根本不吃这一套的。而对于性情温和、相对弱小的人来说，如果他不想做事，只要稍稍加重语气，他就会有所收敛。

（Ⅱ）威胁和安抚并行，得势又得利

软硬兼施，是索取他人信息的最好方法。可是也要讲究其中的技巧。

首先，说话要注重语气。在恐吓他人的时候要有势在必得的威信，适当的时候可以加重和重复话语。安抚时要语重心长，有真诚的态度，满怀善意地表达。

其次，要注重行为举止。在威胁他人、加重语气时，我们通常都会做出恶狠狠的表情，会瞪着眼，竖着眉，甚至手还会不停地指着对方或其他方向，让人感觉紧张、害怕。安抚他人时，要带有同情的目光，用一只手轻轻地拍着对方的肩膀，语重心长，让对方慢慢软下来。

最后，要注意稍稍威胁，偏重安抚。人们都说"伸手不打笑脸人"，还说"打死人费劲，哄死人不费劲"。为什么人们都喜欢听好话，甚至喜欢被别人拍马屁，原因很简单，和人翻脸会失去人脉和利益，嘴上带点甜头就算不会哄得别人开

心，也不会撕破脸皮，没什么损失。在做销售的时候，往往嘴甜的售货员业绩卓越，他们哄得顾客特别开心。他们说尽好话，而不是威胁顾客：快买，再不买下次就没有了。这样做销售会有几个人愿意买呢？

气场压倒对手

——拥有胜负师气质的强大自信

1.
修炼气场，掌握主导权

常常听到评价一个人时会说，这个人很有气场！一般说来，气场是指人的性格、修养等，具体体现在言行举止上的一种个人魅力。或许也可以这么理解，气场就像磁场一样，可以使人不断地靠近。因此，有气场的人可以吸引人！

在案件调查的过程中，很多难缠的对象经常会什么都不说，或者在录口供的时候戏耍警察。这是很不利的，一方面，使得案件的调查失去一个线索来源；另一方面，罪犯获得主动权，使侧写师失去本来的阵地。所以，侧写师需要培养自己的气场，让对方受到震慑。

侧写师在面对罪犯的时候，往往会在思想上保持应有的高姿态，让罪犯心生畏惧，从而处于被动位置，老老实实地交代实情。

这是一起爆炸事件，地点在美国的迈阿密市，但很难确定它的具体位置。

事件获知渠道，是有关人员在网上宣称，两天后就是所谓的苦难日，他们希望全体人员在家里等待上帝对自己的惩罚。届时，将会有一次突发性的爆炸，这是上帝惩罚穷凶极恶之人的手段。

这段话引起了很大的反应，如果此次宣称完全是一种恐吓，那没有问题；可是如果是真的，当局又没有采取有力的手段应对这一情况，那么民众势必会抗议。所以，最安全的方法是尽一切可能找到有力确凿的证据来证明这件事是有人要恐吓，或者不管这件事存不存在，当局都要尽可能提早解决，防患于未然。

美国国家安全部日前在一次行动中，抓捕了一名嫌疑人安杰。他涉嫌私制弹药，以假身份偷渡时被警方截获。国家安全部怀疑他是此次爆炸事件的负责人，因为从他的居所查出了宣传这次爆炸案的相关资料，而且电脑 IP 地址与他所在的位置十分接近，不排除是他利用公共电脑发出的信息。

艾伦被派往迈阿密市和当地警方一起调查此事，因为这个人自入狱以来一直沉默不语。艾伦这次是作为高级侧写师被聘请而来的，他的任务是不惜一切代价要安杰说出具体爆炸地点。

在艾伦被派去之前，当地的警察已经用自己的方法审问过他。开始时十分正式地同他对话，几番下来没有一点进展；当地警方甚至还采取了武力，这在他们看来是很正常的审讯的必备手段。可是，没取得一点效果。

艾伦在去之前，特地让审讯的人告诉安杰，将会有一名高级侧写师来审问他。并且，说了他是美国赫赫有名的侧写师，能够洞察人的心理反应，任何事情都逃不过他的眼睛。他曾经无数次参加各种犯罪事件的调查，从未失手过，这次肯定也不例外。大家都说他是疯子，因为他可以读懂人心。这样的话的确在安杰的心里留下了不小的震惊。

艾伦正式与安杰见面了，在审问室里，陪同的还有一个警官。

开始的时候，艾伦就说："您好，我是侧写师艾伦。相信你已经听过我的事情了，那我们就开门见山地说吧!"艾伦话刚说完，警官就说："艾伦，你放弃吧，他是不会说的，从进来开始，就没有说过一句话!"艾伦很自信地说："不需要，我不需要安杰和我说话，我本身对语言也没有太多自信。实际上，每个普通人每十分钟就会撒三次谎。"

很明显，安杰对于艾伦的态度很不一般，他开始正视这个人，并且有些恐惧。

事实上，在同安杰进行谈话之前，已经有了好几个疑似爆炸地点，现在只需要确定是哪个。因为时间有限，只有不到两个小时。

艾伦说："你知道，现在 FBI 和 ATF 正在彻底搜查这里所有的公共区域，特别是大一些的教堂……，嗯，又或者你不喜欢大的教堂，喜欢小教堂。"

安杰似乎被激怒了，他说："我不知道你在说什么。"

艾伦很大声地说："不要说话，不需要回答我！""从市中心的 X 教堂开始如何？"艾伦说，"那就是 Y 教堂？"话说完，安杰本能地缩了缩肩。

紧接着，ATF 在 Y 教堂的地下室内发现了大量的炸药！

（1）艾伦在调查之前，当地警方在安杰面前已经提到艾伦，并成功地让安杰认为艾伦是个很了不起的侧写师，所有的事都瞒不过艾伦的眼睛。这无疑使安杰对艾伦心生畏惧，并将艾伦与当地的警方区别开来，当地警方没有办到的事，艾伦就可以办到。

（2）内心的恐惧，往往会使得各种情绪表现更加明显，即丧失部分情绪控制能力。这时候进一步强势，会加强自己的气场，让对方的内心展露无疑。开始时艾伦说到大教堂，安杰总是一副不屑的表情，应该是在嘲笑这位所谓的高级侧写师的无能吧！后来，说到小教堂后，他的表情进一步严肃。艾伦说出 Y 教堂后，安杰的表情很松懈，但缩了缩肩，表明安杰在撒谎，故意制造错误信息。真正的爆炸地点就是 Y 教堂。

听一位有气场的人讲话，就好比是在听一位知识渊博的老者的讲话，虽然貌不惊人，但语言很有说服力。一说话，底下的人全都安静下来，不仅因为语言很有说服力，更因为语调、语气充满着年轻人般的活力和希望。要做到有气场，掌握主动权，我们可以尝试这样去做。

（Ⅰ）着重加强自己的长处

有气场，不是简单说说就可以的，必须要有真本事。这样才会形成强大的"磁场"，吸引更多的目光和眼球。

修炼气场可以从多方面入手，如性格、能力、修养等。每个人都有自己的长处，加强自己这方面的能力，就可以展现出自己的特色。当然，短处方面也不能太弱，需要弥补，但还是以长处为主。

毕竟人的精力是有限的，在不能成为全才的情况下，专才也可以让你在团队中尽显自己的优势！没有完美的人，只要你努力修炼出自己的闪光点，相信你就会有气场！

（Ⅱ）掌握话语的主动权

在谈判或者与人的正常交谈中，掌握主动权都是很重要的。特别是在你有自己优势的前提下，这点更容易把握。

假如你是一个领导能力很强的人，不要吝啬你的能力，要在关键时刻将其展露在你的下属面前，让他们骄傲有这样的领导；假如你是一个网络高手，那就尽情地展示你的技术，让你的团队在遇到计算机问题的时候可以快速解决；假如你是一个天才，可以记住所有你看过的书，那么，你会很荣幸地成为大家的百科全书！这样，在你的团队里，你就是一个不可或缺的角色！你就有把握自己独特位置的能力，并且为之不断努力。

2.
捣毁他的堤坝，让他无路可退

　　自信、骄傲和自卑等情绪，都有其本身的最低和最高的限度。当人们变得自信、骄傲和自卑时，就是指达到了某种情绪的最低限度，就会进入所谓的某种情绪状态；然而，一旦超过某种情绪的最高限度，则会使人面临情感的崩溃，失去正常的自控能力。这时，无法完全自控的情绪会暴露内心真实的想法。

　　在对付特别圆滑的罪犯时，侧写师通常都能找到他的兴奋点，就是他为何如此骄傲猖狂。然后制造事件彻底捣毁罪犯的情绪。在他情绪瞬间崩溃的时候，截获他内心的真实想法。通常，这些信息才是破案的关键。

　　通常，这些对手是十分狡猾的，他们会提供虚假信息，企图让侧写师成为他们的木偶，从而增强自己的自信和骄傲。然而，侧写师会及时观察对方的情绪等，获得他的情感底线，以判断他在什么情况下说的是真话，什么情况下说假话。通过这些判断他是否在情绪崩溃点，并最终获得信息。

这已经是连续第三起案件了，相同的事情发生在同一地点，这让亚历山大州政府十分无奈。他们已经出动警察日夜不间断地追踪，但始终没有太大进展。侧写师艾玛和莫妮卡接到通知后，立即赶往当地警署。

初步了解情况后，艾玛做出了如下总结。

加上昨晚发生的一起案件，一共是三起。作案手法类似四年前克里克残害未婚女性的做法，都是在绑架女性之后的三天内弄瞎对方的眼睛，侮辱后杀害对方。三起案件中，有一名女性幸免于难，但她的眼睛却始终不能重见光明。而且，可能由于某种药物或者精神遭受打击的缘故，她已经完全记不清眼睛被蒙上之后发生的情况。

但是，克里克至今仍在狱中，不可能是克里克所为。初步怀疑，有可能是克里克的崇拜者。因为对他的崇拜，所以才会重新以相同的手法作案。由于案件中唯一的幸存者没有关于罪犯的记忆，无法侧写罪犯的情况，所以，这一切都让案件的进展很慢。

第二天又接到了一个报案，一名女性在下班途中失踪，现距离失踪已经有 24 个小时。也就是说，只有两天的时间可以找到失踪者。

艾玛立即请示与克里克进行谈话，毕竟是模仿他的人，或许他会有印象。可是克里克不是一般的不配合，在问话中他的回答基本上都是错误的。他似乎很骄傲，有一个这么成功的徒弟。虽然，这样也方便艾玛通过设备去计算他的撒谎底线数据，但如何让他说出真话确实是很头痛的事情。

为了获得一些关于罪犯的信息，莫妮卡找到唯一逃生的受害者穆尼。虽然穆尼很勇敢地合作，她很想帮助现在身陷其中的女性，但她真的不记得了。所以，莫妮卡也无奈地走了。在出门不久后，她就遭到袭击，她有预感这个就是罪犯。幸亏艾玛及时赶到，但她始终没有看清罪犯的面目。

莫妮卡受到袭击后，更有冲动找到罪犯，可是克里克始终不开口。她提出让穆尼和克里克直接对话，但被艾玛当着克里克的面拒绝了。这让莫妮卡很难过，于是她背着艾玛让穆尼和克里克见了面。

艾玛赶到审问室的时候，很生气地赶走了莫妮卡，告诉她："你没有资格这么做，你在违背我的意愿！"并且安慰穆尼："谢谢你，你很勇敢，接下来的事情就交给我了！"

克里克看到这样的情景，嘲笑艾玛说："看来你这个领导也不怎么样，下属都不听话嘛！"

正当艾玛情绪愤怒之时，有一个警察给他一个图片，被绑架的女性已经死了。艾玛把图片拿给克里克说："看来你的骄傲也不怎么样嘛！你的徒弟已经超越你了，他提前行动残害了这个女性。电视台已经在大肆宣传，现在你的徒弟名声大噪，但却不是按照你的旨意做的！"

克里克很愤怒，因为还没有到三天的时间，为何会提前行动呢。外面的数据显示，他此刻的心情已经接近说真话的数据。他说："四年前的六月，我就知道这小子不是简单的人物。哈哈，或者我该提醒他：总有一天你也会进来陪我！孤独的人！"

艾玛说："谢谢你，告诉我真相。"

艾玛在克里克的粉丝来信中，找到署名为"孤独的人"的信，并且查到这个人在四年前参加克里克一案宣判的视频。最终，成功解救了一名女性！

（1）一开始，艾玛就很明确地知道克里克根本就是在耍他，但他要的就是这个效果。于是，遵从他的意愿，成功地被他耍，获得情感底线的数据。他清楚地知道，克里克对这个模仿者感到骄傲的同时也有一种嫉妒的愤怒。因为他恨这个人模仿自己为所欲为，但自己却不能像他一样，只能待在这个冰冷的监狱里，没有了人身的自由。

（2）艾玛成功地设计了一个谎言，让莫妮卡充当表演者，让克里克以为莫妮卡违背艾玛的意愿做事，让他觉得自己很骄傲有个这么听话的徒弟。但又虚拟了模仿者提前处死了被害女性，违背克里克一直的作案手法。模仿者的这一做法，彻底触动了克里克的情感底线，使他有一种自己被全盘否定的感觉。这彻底激怒了克里克，从而情感发生巨大的变化，最后才会说出关于模仿者的线索。

每个人在坚持一件事情的时候，都是有自己的底线的。想要获得真话，就必须使他有从高处落到低处的失落感。

（Ⅰ）找到对手心理的关键点

找到对手一直坚持的东西，这是你彻底击败他的前提。知己知彼，百战不殆。所以，大战前必须对你的对手有所了解。掌握他的心理活动的关键点，分析出是什么原因让他有这样的情绪。

在案例中，艾玛通过在审问室对克里克的观察，意外地发现，他对模仿者的感情，是一种明显的骄傲加隐晦的嫉妒，所以这是他情绪的关键点。因为一方面，模仿者是他的继续，按照他的模式和意愿继续犯罪，他能从中获得心理满足。但另一方面，他又因为模仿者可以自由犯罪而感到不快。这也是他一直矛盾的地方，以及和警察周旋的原因。即使他知道可能的罪犯是谁，也不愿意告诉警察，故意愚弄警察。

（Ⅱ）对症下药，捣毁他的堤坝

心理的不快有时候胜过生理的不舒服，我们要做的就是彻底捣毁他的心理防线。如果一个人因为他的学生而感到骄傲，那么攻击他的方法自然是找出他学生的毛病。

而这一切都需要对症下药，对症下药才能事半功倍。就像这个案例中，艾玛利用莫妮卡演了一场戏，这才能让克里克在不知不觉中掉入事先设好的圈套，最终说出实话！

3.
无可替代才是价值所在

团队中，每个人都有自己的分工，精于所在岗位的工作，才能够提高整个工作团队的效率。侧写师的团队更是如此，因为他们承担着更大的责任，他们的效率决定着受害者的命运。也许，一个失误会导致整个案件陷入僵局，面对猖狂的犯罪分子而手足无措。

优秀的侧写师，是侧写团队不可或缺的一部分，是团队成员所信任的伙伴；而通常，他们也是犯罪分子愿意交流的对象。他们有着很多案件的经验，知道如何深入罪犯的内心，如何在现场勘察中读懂他们的心理活动，这些都是至关重要、无可替代的！

侧写师希尔和他的团队在处理一起案件的时候，出了意外。队友错误地让未成年的孩子去接触他们认为是精神失常的罪犯，从而受到上级的处分。甚至有些队友严重质疑他的领导能力，并且认为希尔没有继续带领这支团队的意义。希尔因此被停职半个月，接受上级的检查。

希尔也想过不再继续和FBI合作，因为这样的工作经常不分昼夜、十分繁忙，自己还需要照料家庭。每次出外勤的时候，他总是不放心儿子和妻子。但是，这个团队是大家一起工作这么久的成果，他不愿意轻易放弃，可是这次是被迫离开。

团队里的大部分人都希望希尔能再回来，因为没有这个好的领导者他们会力不从心。然而，就在这时，一个棘手的案子来了。

佛罗里达州，连续三起抛尸案。作案手法极其残忍，都是在绑架已婚女性后，将其心脏挖出，并在次日早晨抛尸垃圾堆。希尔的团队已经赶到第三起案发的现场，领导他们的是一个行政领导肖凌。

肖凌虽然有参与案件的经验，但没有外勤的经历。特别是她又是女性，看到尸体后差点吐出来，根本对案件的整体发展起不到作用。今天必然又有一个妇女失踪，并且在明天早上抛尸。大家清楚地明白，希尔是研究这类精神残害罪犯的高手，于是队员弗农立刻打电话给他，请求他立刻赶来支援。弗农说："我们的职责就是让你强大的内心面对痛苦和不幸，我们需要你！"

希尔赶到现场的时候，通过汇报大致了解了情况。他想到附近就是学校，每次的抛尸地点和时间与学校有莫大的关联。弗农也指出，第三名女性失踪之前接触的是一名男孩，很有可能是罪犯利用孩子做诱饵吸引妇女。

于是，侧写师们开始对附近这所学校的所有学生和老师做侧写，但一无所获，范围太大，无从下手。

希尔偶然间看到一个开大卡车的司机过来接儿子放学，他和孩子的父亲打招呼。他说："你是一个好父亲，我从来没有接送过儿子上下学，因为太忙了。"那个父亲骄傲地说："你应该向我学习的，我已经把这个当做一项事业来做了！"两个父亲相视一笑，希尔总觉得哪里有问题，但说不清楚。

弗农突然想到，这个罪犯可能是一个人带孩子，产生边缘精神崩溃症，那他可能会让孩子独立完成很多事情，并且强迫他做很多类似放弃休息时间打扫教室的事情。一听到这个，校长立刻想到了杰，他的父亲一个月前被诊断患有癌症，母亲因此离开了这对父子。

希尔和肖凌赶到了他们的家，因为半个小时前已经接到一名女性失踪的案件，他们手中握有一个性命。杰的父亲知道自己被包围了，他提出要和警察的头儿谈条件。肖凌走过去，但他指明要同希尔谈。希尔才知道杰的父亲就是那个卡车司机，并且他表现得十分镇定。杰的父亲说："我知道你是优秀的侧写师，但我就是要挖出所有女人的心，看看她们的心为何这么狠！你也别想成功地劝说我……"

希尔说："你的报复，会成为儿子的包袱，你就要不久于人世，就打算留这些给你的儿子吗？我是一个失败的父亲，但至少我在牺牲陪他的时间做正确的事情。但你呢，请为你的儿子想想，他会愿意你走出去！"杰看看父亲，慢慢走向了希尔，希尔抱住了他。

警察逮捕了杰的父亲，希尔恢复职位，重新归队。肖凌说："恭喜你，始终你才是好的上司，好的谈判对手！"

（1）希尔在结果出来之前就和杰的父亲接触过，杰的父亲相信同为父亲而且又是优秀侧写师的希尔，所以选择和他对话。杰的父亲也是想获得心理的解脱，想找一个能够了解他的优秀的侧写师，他希望能得到大家的理解，他之所以这样做也是迫于无奈，希望能得到更多的谅解。

了解这样的想法后，侧写师就更容易走进犯罪分子的内心，就会获得比其他人更多的线索。只有得到的线索比其他人多，才有可能成为团队中不可替代的力量。

（2）在处理这种有心无力的案件时，队友们的第一反应就是邀请擅长这类案件的希尔。大家相信希尔肯定能带大家走出僵局，并且最终确实如此。

希尔擅长某一类型的案件，当队友们遇到困难时，首先想到的就是希尔能解决这样的问题，无可替代的价值就在于此。

每个团队里，每个人都是有分工的。就像案例中的希尔是做领导的，他有着其他人没有的组织指挥能力，同事有很多处理精神崩溃型罪犯案件的外勤经验。那么，在团队中，如何成为不可替代的呢？

（Ⅰ）拥有你的专长

想要在团队中获得一席之地，你必须有自己的专有知识。常识是大家都知道的，不需要特定的人来提醒。但是，专业知识就不一样了，必须专人专用。

如果你非常擅长软件，在语言编程、引擎搜索、对抗病毒等方面有很高的造诣，那么在团队中你就是一个宠儿。因为不管是在公司还是在政府部门，现在都是信息化时代，计算机技术已经是我们不得不学习的重要知识。于是，当大家遇到类似问题时，你肯定是他们寻求帮助的对象。

如今，除了拥有专业知识之外，有一两个特长也是很重要的，如素描、书法、音乐等。发展一个你的爱好，除了在生活和工作中会有所应用外，更多的是丰富你的生活。

（Ⅱ）实现无可替代的价值

善于把自己的专长运用到工作和生活中去，这样才能实现资源的最大化利用，也能够实现无可替代的价值。

如果你的同事正在因为某个专案的绘图制作而苦恼，而你又是有名的绘图高手，那么不要吝啬你的知识，勇敢地伸出援手。这样的经历，并不是故意炫耀成就，而是学有所用！既是对自己的肯定，也在关键时候帮助了别人，一举两得的事情，何乐而不为呢！

这样，你就能获得同事和领导的认可，成为团队中不可或缺的一分子；你也能获得客户和对手的肯定，让他们觉得你是一个不错的合作伙伴和对手，有兴趣和你合作。

总之，努力让自己不可替代，这样才能够有所成就！

4.

引导他人同意你的意见

　　告诉对方你的观点，试图把自己的意识强加给对方的这种行为，是心理学上常用的治疗方法。因为，有些罪犯的情感心理防线已经面临崩溃的局面，侧写师必须用外力重新塑造这条防线。往往，这类人有着自己的一些痛苦的经历，他们不愿意承认自己或者亲人曾经有过不为人知的经历。但是，这些是真实存在着的。侧写师经常引导他们同意自己的观点，然后说出事情的真相！

　　侧写师在面对对手的时候，更多的是充当一个心理辅导者，通过疏导对手错误的观点、态度等来引导他同意自己的观点。这样，才能够获得想要的信息，及时解决案件。

　　十年前的一个案件始终盘旋在尼奇的心中，难以退去。

　　那年的尼奇接了一个案子，被派往休斯顿协助当地警方调查。

他清楚地记得，当时是一个阳光明媚的早晨，春天和煦的阳光照射在小区里，这一切的宁静与悲剧的发生极不相称。

　　他参与了那次案件的调查，但没有线索。现场只有一把水果刀，而且是被擦干血迹的，除此之外再无其他可用线索。父母在一夜间都被杀害，三个孩子从睡梦中醒来的时候接受的是这样一个悲痛的现实。孩子们痛苦的呐喊声，让尼奇至今难以忘记。他清楚地记得，大女儿问他："我的父母是怎么死的？是被谁害死的？"他难以回答，无法回答。就这样，十年了，他的心中始终放不下这件事情。

　　今天是这起案件的十周年，尼奇带着埃米利一起来到了十年前的犯罪现场。

　　十年前的犯罪现场没有什么证据留下，今天也毫不例外。三个孩子如今寄宿在祖母家里，尼奇想去看看他们。孩子们很显然并不是很欢迎他，大女儿始终还是无法忘怀那个夜晚，只有她的记忆是清晰的，而且她也知道这个侧写师并没有抓住杀死父母的凶手。

　　尼奇走的时候，大女儿突然对他说："谢谢你的关心，以后请不要送娃娃给我们了。这样只会让我们想起悲伤的往事！"尼奇愣了一下，让大女儿拿出收到的礼物。他并没有送礼物给她，而大女儿却说每年都能收到一个这样的礼物。

　　通常送礼物给被害者的心理有两种，一种是炫耀自己的成就，另一种是表示自己的歉意。这样看来，倒很像是后者。因为大女儿回忆说，那天圣诞节，她也好像看到了这样的娃娃，是在一个马戏团里。

他们找到了当年经常去那里表演的马戏团，看到了团长，询问是否有类似这样的人，有严重的心理障碍，可能会被周围的人耻笑；或者他很喜欢孩子，会追着孩子到家里等。团长矢口否认，可是神情、动作明明表示他知道这一切。尼奇说："你很清楚，我指的是谁，我不愿意强行搜出，因为我也没有搜查令。可是，你我都明白，他有罪，即使是无意为之的罪过。"团长依旧坚持说："对不起，我不知道你在说什么！"尼奇说："你很爱他，但必须要他接受法律的制裁，这样才是对他好。否则，你们将会一辈子受到良心的谴责。你我都是父亲，我不会包庇自己的孩子，即使他只是拿了隔壁家的一棵植物。我们应该教育他，他会变好的！"团长说："对不起，我帮不了你们！"

尼奇并没有放弃："多么可怜的三个孩子，他们的父母在一夜间消失了。他们这么多年来过得很孤独，没有父母的孩子内心注定很无助。十年了，我无时无刻不在想这件案子，无论如何我也要找到真凶，这样才能消除我心中对三个孩子的愧疚。否则，我无法面对自己侧写师的身份，无法真实地面对我的孩子，我会觉得自己很无能。你也是父亲，同样是面对孩子，为什么不能一样爱他们？死了的父母，他们和你一样，深爱着自己的孩子，却不得不留下孩子在人世上。你可以帮帮他们的，让孩子们知道真凶！"

团长泪眼朦胧地看着尼奇，他也是个步入老年的父亲了。他说："这么多年，我始终不敢面对自己，面对儿子，我给了他残缺的生命。愧疚的我，只能每年给孩子们送点礼物。如今，像你说的，该是面对的时候了！"

团长的儿子患有先天性精神病，难以控制情绪。他为了见到那天看马戏的女孩而追到她家里，女孩的爸爸赶他出去，激怒了他，于是他拿起水果刀残害了女孩的父母。

（1）尼奇面对多年无法解决的案件，心中始终被这件心事揪着个疙瘩。当他去拜访那三个孩子的时候，大女儿的一句话引起了他的怀疑。自己从未给孩子们寄过礼物，那大女儿提到的娃娃就有可能是罪犯由于心里内疚，才会每年都给孩子们寄礼物。他觉得这是一条线索，十年后的今天是时候解决问题了！

尼奇坚持自己的想法，无论如何一定要找到真相，抱着这样的念头，尼奇才有了后来的行动。

（2）尼奇找到马戏团的团长，发现团长好像知道事情的真相，而据推测这个患有心理疾病的人不可能在马戏团待了十年之久，除非他是团长的至亲。

尼奇说出了自己对被害者三个孩子的愧疚，对他们的遭遇表示非常悲痛；对罪犯不能自控表示理解；对同为父亲保护自己孩子表示理解。但是，无论如何真相就是真相，法律面前人人平等。不管父母怎样疼自己的孩子，一旦他们触犯了法律，父母也要让法律处理这一切，否则，这一生都会受到良心的谴责。尼奇说服团长同意了自己的意见，最后使团长说出了真相。

　　引导他人同意你的意见，你必须先仔细分析自己的观点，让自己的观点站住脚，才能够让他人信服！

　　（Ⅰ）时刻保有自己的想法
　　引导人和被引导人有一个显著的差别，就是引导人总能时刻保有自己的想法，不为外力所动。生活中，往往会有这样的情况，就是你明明是劝别人不要做某件事，结果却反被别人劝得觉得这件事情是可以做的。这样，就是意志不坚定的表现，自乱阵脚的结果就是被他人同化！
　　在商业谈判中，通常需要稳住阵脚。例如，几家建筑公司竞标一个业务，自己的优势是工程进度比较快，但预期的费用比较高。所以，在谈判中，必须抓住自己的优势是工程进度快，淡化自己的劣势。

　　（Ⅱ）多从对方的角度着想
　　对于意志比较坚定的人，引导他同意你的意见是很难的。

所以，一定要无所不用其极，情理或者强制性的方法都是可以用的！

　　站在对方的立场，感同身受地表达自己的感情。寻找与对方的共同点，获得他的心理认同，这样交流起来可以减少距离感。情的对立面就是理，必须要以理服人。要表示在情理上都必须要这么做，引导他同意你的看法。

5.
站在他人立场给他人信服的理由

在这个价值观念多元化的现代，想要获得他人的信任是很难的。每个人都或多或少有过被欺骗、背叛的经历。想要彻底让一个人信服你的想法，必须时刻考虑到对方的感受，站在对方的立场考虑问题。告诉他，这是一个机会，是为了他好才这么做的，并不会伤害他！

侧写师和犯罪嫌疑人、罪犯以及其他的案件相关人接触最多，很多时候面临着沟通上的障碍。要想说服他们，侧写师总会设身处地地为他们着想，理解他们的想法，以求与他们达到共鸣，这样才能让他们信服！

这是一个平静的夜晚，郊区的夜空显得格外宁静、安逸。谁也没有想到，在这样的静谧之下，居然出现了悲剧。一栋房子被烧毁，死者一人，是孤身带着女儿的吉安先生。由于女儿当晚在朋友家住宿，没有回家，所以幸免于难。

杰西赶到现场的时候，只能看到废墟一片。实际上底特律当地警方接到报警后，赶过来的时候也没有发现有利的线索。经过初步勘察后，现场检查人员解释说，发现爆炸物被放在房门口，推门即可引爆。有两个疑点，一是尽管吉安先生生前性格比较暴躁，但却没有四处树敌，很难确定嫌疑犯；二是凶手似乎很了解吉安先生，知道在那个时间点推门的就是他。

杀人的动机无法判断，但杰西很疑惑的是，如果是要报复吉安先生，为何要挑一个他女儿不在的时候。或者，他是有意保护吉安的女儿。杰西要求和死者的女儿谈谈，可是当地警方告诉他，他女儿是先天性智障。需要慢慢和她说话，给她充足的时间考虑才能够回答出他的问题。

妮莎是个很温柔漂亮的女孩，但似乎爸爸的死对她没有太大的打击。杰西问她是否知道是谁做的，她反应了五分钟说："我不知道，我那晚没有回去。爸爸不在了，妈妈早就走了，我可以一个人了！"这让杰西觉得很意外，她似乎是解脱了。杰西也想到了自己小时候，爸爸很早离家了，妈妈又是严重的精神病患者，他很长时间都有心理问题。因为这样，他才来到了这个陌生的城市，做自己的事业。

通过妮莎的朋友，他了解到，妮莎的爸爸经常打女儿，甚至不让她回家。她只是反应迟钝，但他每次说话都不给她反应的机会，都只是武力对待。尽管妮莎过得很辛苦，但很庆幸她在半年前结识了男朋友里克。里克也来自单亲家庭，可是从同学口中得知，似乎他爸爸因他成绩不好而很气愤。杰西有理由怀疑是里克长期心理压抑，加上保护妮莎的冲动杀死了吉安先生。

就在这时，妮莎打电话告诉杰西，里克不见了。杰西想起了当年那个精神失常的男孩，因为自己的哥哥，愧疚自杀而死。本来可以劝服他不要自杀的，可是他还没有来得及说，男孩就死了。

想到这里，杰西赶到妮莎说的里克可能去的地方。果然，里克想结束自己的生命。里克说："你一定不知道吧，我曾经是一名校篮球队队员，队友把戏耍我的视频发到网上，我因攻击队友而退出球队。我爸爸根本不理解我，我被那么多人当面嘲笑，他只知道我被裁退了！"

杰西说："我明白你的感受，我小时候也曾经被人戏耍过。我央求过围观的人帮助我，可是没有人在意。而且，当我很晚回到家的时候，我患有精神病的妈妈丝毫没有察觉。可是，里克你要知道，你还年轻，有大好的未来，不用结束自己的生命。"

里克毫无表情地说："那都是以前的事情了，我根本没有未来。我想保护妮莎，她快被她爸爸打死了。我说的他根本不听，我只有杀死他。"

杰西说："相信我。里克，你是可以的。我曾经是一名中毒瘾很深的人，曾经我有心理障碍不能面对陌生人，但现在我都挺过来了。我看了你的成绩表，我知道，你有很强的数学能力，你的逻辑思维和数字处理能力绝对是一流的！是我望尘莫及的！"

里克说："真的吗？我还可以重来？"

杰西说："真的，相信我，放下你手中的武器，到我身边来。你还没有成年，等你接受教育后，你还是可以好好地照顾妮莎。你们还有很好的未来，你可以用自己的长处造福社会。"

妮莎终于见到了里克，她以为连最后一个她爱的人都不在了，那就没有活着的意义了。虽然，里克还是入狱了，但妮莎和里克都活着，这是让杰西十分高兴的事情。

（1）由于案发现场已经是一片废墟，所以很难找到罪犯的线索。想到罪犯故意挑选吉安女儿不在家的时候作案，还有妮莎男友里克的一系列情况，杰西怀疑里克就是凶手，他是为了保护妮莎才不得已杀死吉安的。后来，得知里克失踪，也就证实了自己这一想法。

（2）由于是未成年的孩子在心理不成熟的情况下杀人，心怀愧疚的里克想自杀，但被杰西找到。

里克从小得不到家庭的温暖，更是被父亲误解。他有很强的数学能力。杰西告诉里克他有能力，有大好的前途，而且可以好好地照顾妮莎。经过杰西的不断鼓励，才使里克有了重新活下去的希望。

当一个人处在心理很矛盾的时候，迫切需要其他人给他提供合理建议，指一条比较合适的道路。但是，往往比较难的是让他同意你的观点。因为这时候他必然很难清醒地思考，你所要做的是让他感受到你的心意，让他知道你是真的为他着想。

（Ⅰ）敞开心扉，真诚地与对方交流

敞开心扉地和他交流，让他感受到你的诚意。心理学上有一种治疗方法叫做类比治疗。就是列举出与对方相似的经历，但结局比对方的更加悲惨。这样能够让对方觉得轻松，因为自己不是最惨的，可以获得心理上的慰藉。

如果他告诉你一些关于他的悲惨经历，如果你恰好也有的话，那就对他说说你的过往。而你现在却勇敢地站在这里，好好地生活着。这样，能够让他燃起生的希望，有重新开始的念头。如果你没有，那就不要编，否则很容易引起对方的反感，让他觉得你很虚伪。可以说说你对这事的看法，也可以说说身边人类似的经历。总之，一定要真实地表达心中的看法，让他感受到你的真诚。职场上的同事之间，尤其需要这种交流，这样才能够互相信任。

（Ⅱ）有一个可以让对方信服的理由

了解了他的过往经历，知道他需要你的指引。迷茫的他，如果能够得到你的肯定和方法的话，一定会很受用。

为了自己、自己所爱的人和爱自己的人好好地生活，这是最好的理由。其实，或许他自己也明白，只是需要另一个人来肯定自己的想法，这样心里才会更加踏实。

你必须告诉他，他是有能力的，这是对他的肯定。这样，才能获得生存的技能。

你必须告诉他，他是被需要的。有很多爱他的人，还有他爱的人需要他的照顾，需要他在身边。

总之，给他可以信服的理由，让他觉得自己是可以继续并且需要继续的人！

6.
手势与动作的催眠与暗示

据有效数据显示，人类使用语言撒谎的能力和频率明显高于动作、神情等。所以，我们有理由相信语言以外的其他表达方式，更有利于日常的沟通和了解。

现代社会符号和动作表情日益丰富，很多词都有各自的动作表示。可以用这样的手势和动作来暗示他人，这样交流往往能起到更好的效果。

侧写师经常利用一些手势和动作同对方进行沟通和交流。实践证明，这些可以使目击者或者案件相关人产生更多的想法和细节。这样的做法，往往会使交流更加有效。

斯蒂文难得陪女儿出来逛街，作为侧写师的他一直都忙于工作。这次趁着假期，想尽当父亲的职责，带女儿到洛杉矶的街头逛逛。

女儿正在那边买冰激凌，突然有一个打扮文静的女孩子走到他身边说："斯蒂文博士，可以和您谈谈吗？我好像看到了一起谋杀案，警方不肯相信我的话，所以才找到您。我需要您的帮助。"斯蒂文看得出来，这个女孩子说的不像是谎话，可是自己正在假期，而且是陪女儿出来玩的，这个时候不可以走开。他说："对不起，我是陪女儿出来玩的，我帮不了你！"正要走的时候，女孩拉住了他说："拜托你，帮帮我！"女儿看到这一幕，明白了大致的情形，说："走吧，我没有关系。我玩会儿会自己回家的，放心好了！"

斯蒂文和女孩来到工作室，女孩看起来才20岁左右，她叫希尔，是大学生。大致的情况是，她的记忆里有些片段。内容大致是有很多血在地上，有一个人拿着烟灰缸狠狠地砸下去，是在一个酒吧里。

单凭这些信息根本无法判断任何情况，对于希尔来说，他猜想有两种可能。一是她有超能力，可以看到未发生的事情，只是目前还没有发现尸体；二是她有神经病，她在说谎。

事实证明是后者，因为斯蒂文第二天偶然在街头看到一个和希尔长得一模一样的女孩，但她说自己叫南希，希尔是另一个她。斯蒂文将南希带入工作室，让她坐在椅子上说："看着我的表，紧随着它的步调，我会用动作示意你怎么做的。"南希逐渐被催眠了，在与斯蒂文的对话中她说出了自己的三重人格，还有一个男性人格叫卡尔。斯蒂文拉着她说："现在请你记住我的话，我做'停止'的动作，就请你进入第二种人格；做'OK'的动作就进入第三种人格；没有动作就是保持自己。如果是'再见'的动作，就表示赶快离开。现在我们一起进入你看到的犯罪现场，请告诉我你看到了什么。"

她说，她看到了酒吧老板用烟灰缸砸死了一个卖淫的女孩，那个女孩死了，地上有好多血，她很紧张。斯蒂文说："放轻松，现在我们一起回来，好吗?"回到现实的是希尔，也就是报案的她。斯蒂文开始明白是怎么回事，是男性的卡尔形象救了成天混在酒吧里的南希，而希尔是靠存在脑海里的一些记忆去报案的那个形象。这个女孩患了多重人格障碍症。但是，目前，没有直接证据证明酒吧老板杀人。只有让南希以混混的形象到酒吧，让老板说出自己杀人了才可以抓他。

于是，在希尔允许的情况下，斯蒂文做了"停止"动作，示意她变到南希的形象，她配合地进入了酒吧。逼着酒吧老板说出自己杀人的过程很难，因为他始终没有直接说出自己杀人了。之后，斯蒂文又做了"OK"的动作，使南希变为男性形象的"他"以武力激怒了老板，老板愤怒之下说："想死的话，我可以按照她的死法给你重来一次。"

就这样，警方成功地逮捕了酒吧老板。遇难者的尸体也被找到了，只是希尔的多重人格始终存在。她很感激斯蒂文的帮助，让她心理获得安慰。她表示自己会接受治疗，直到变为正常人。

（1）斯蒂文在看到另一个形象的希尔时，怀疑她有双重人格。于是，在动作和语言的催眠之下带她进入了案发现场的画面，这样才找到真凶。

（2）希尔的多重人格，有利于侦破案件，但前提是她必须变换多种人格。于是，斯蒂文在开始催眠时与希尔约定了动作，成功地完成了她在各个角色之间的转化。最终，她成功地激怒了老板，并且让他说出了真相。

日常生活中，人们也常常用手势和动作来暗示他人，以获得信息。案例中是以特定的动作来暗示对方转换身份，但生活中，我们会随机应变地以动作和手势来示意他人。

（Ⅰ）观察并了解特定的手势和动作的含义

想要以动作和手势来达到暗示的目的，就必须掌握基本的知识。滥用动作和手势，最后取得的效果往往是适得其反的。日常生活中，虽然不需要像学习哑语的人一样了解手势的含义，但基本的表情、动作和手势还是要懂的。

基本的问好方式、表扬的手法、加油鼓劲的手势等，这些都是大家日常所用到的，就不用特别强调了。还有一类，是和你亲近的人才会知道的。例如，你会在和某人说话时因为抗拒而做出摆手的动作；你烦恼时总会挠头发、转笔；你开心时总是哼着歌；你遇到不好的事情，总是习惯于一个人望着窗外；

思考的时候，总是喜欢用手托着下巴。这些是一个人的招牌动作，你需要观察其他人的这些惯用的动作和手势。这样，才能和他默契地配合。

特别是在职场中，如果你看到你的同事的这些招牌动作和手势，就自然能够了解到他的心理变化。在他心情糟糕的时候，一起出去散散心，或者顺道冲杯咖啡给他，相信他会变得好些。也要记住，千万不要在他沉思的时候打扰他的思绪。

（Ⅱ）灵活运用各种手势和动作

清楚了各项手势和动作之后，我们需要做的是，在不同的场合学会灵活运用。

在职场中，记得不要吝啬你的动作和表情，与同事和上司间的礼貌问候和道别是必要的；当同事在激情澎湃地发表他的演讲时，记得给他加油的信号；当同事一时语塞时，给他鼓励的信号，告诉他：你很棒，加油！

恋人、亲人间也可以用动作表示爱意，无论何时，都可以告诉他们，你很爱他们！

总之，灵活运用各种手势和动作，给予对方以催眠和暗示，这样的做法往往比语言更有说服力！

7.
关闭谈话使对方恐慌

通常人们害怕的不是一直持续的事情，而是突然的停顿。这样会让自己感觉到惊慌失措，不知道如何应对这突如其来的变动。这种暂时的停止会使谈话陷入僵局，难以继续。但是，这种担心往往是多余的。很多时候，突然停止却是置之死地而后生的做法，会使谈话获得新的转机，也可以变被动为主动，从而获得更多的信息！

侧写师在和对手交涉的过程中，很多时候就是一种博弈。侧写师往往都能把握好分寸，知道如何控制谈话的节奏。通常，既不能太强势，失去和对方交流的机会；也不能太软弱，任人摆布。

新泽西州的当地政府不得不寻求 FBI 的帮助，因为当地媒体已经大肆报道此次的案件，让州政府应接不暇。

戴恩来到现场的时候，已经是第二天了。据当地警方介绍，这名女性在前一天来警局报过案，说她家门前被人放了好多她的照片。但大家以为只是有人恶作剧而已，并没有深入调查。结果，却酿成了现在的惨剧，她被发现死在家中的花园里。法医检查发现，她遭到了性侵犯，面部被毁容！

根据现场的观察，戴恩发现了一个上面写有标号的面具，很多死者的照片洒落在地上。直接的线索只有花园里面的脚印，可大致判断罪犯的性别、身高和体重，再无其他的有利信息。就这样，警方完全陷入被动的境地。现在的情况是，除了再次等待罪犯行凶，或者主动联系警方以外，再无其他方法。

据戴恩的侧写，根据罪犯的犯罪手法，事前通知，这应该是很有信心的做法，他是个有能力的人；毁容，应该是内心阴暗，不愿意面对现实的心理。这样的人应该是做每天接触大量的客户，但不直接面对他人的工作。

就在这时，他得到消息，有一名叫奥尔的女性失踪。戴恩大胆地做出一个决定，他打电话让媒体宣传凶手是一个面貌丑陋、性无能的男人。果然，戴恩得到了他想要的结果，凶手打电话来了！戴恩很淡定地说："我是侧写师戴恩。"他说："是你告诉他们我丑陋，我性无能吗？"戴恩说："是吗，我说过吗？"他说："你撒谎了，你必须告诉他们你撒谎了。"他的声音很小，似乎在控制什么。戴恩说："你身边有人吗，还是你在很小的空间内工作？"他依旧说："你，你必须和他们说出真相！"戴恩说："我可以让你直接面对媒体，让你自己澄清事实。"他说："不，只能你说！"

戴恩再无耐心继续下去，他说："事实上我现在正在看奥尔失踪前的录像。你肯定观察了她好久，对吧？我会在录像截取到你的信息，然后将你公诸于世，告诉世人你对这些女人做的可耻的事情。那时候你就可以直接面对公众，让大家看到你是多么的龌龊不堪！"在大家都很吃惊的情况下，戴恩挂了电话。

当地的警方很好奇，为什么要挂电话，否则还可以获得更多的信息。戴恩说，只有这样才能变为主动，让他加速犯案，我们才能找到线索。事实上，他们已经发现，这两名女性曾有相似的就职经历，都曾在同一家通信公司工作过。

后来，他们在这家通信公司的办公楼里发现了罪犯，他正要赶回去杀奥尔。这个男人完全符合戴恩的侧写，他长期在封闭的空间工作，爱慕她们很长时间，并且最终产生这种变态心理。罪犯知道自己要被捕，便想自杀，终于被警察制止。

（1）如此令人发指的伤害方式，充分证明这是一个心理有问题的罪犯所为。他有可能是非常爱慕这名女性，但由于自己不自信或者受到打击没有追求到，才会有这种变态的行为。

他希望自己获得大家的认可，让大家不要忽视他。所以，他才会如此残忍地满足自己的欲望，再将悲剧公诸于世。

（2）戴恩知道，只有让罪犯主动出击才可以获得他犯罪的证据，或者得到一些线索。基于他比较渴望获得大家重视的心态，他肯定不会允许存在诋毁他的事情。果然，罪犯主动联系戴恩。戴恩故意在谈话中刺激他，并且终于在一番激烈言论后毅然将电话挂了。这样的行为，让罪犯心中恐慌，怕警方查出真相，便会及早行动，暴露自己的身份。

在谈话中，突然关闭对话会让对方产生恐慌的心理。这样的情况和手法，在现实生活中也是常常有的。主动实施这样的动作的一方，需要保持心理的镇定，让对方察觉不到这是个陷阱，这样才能获得对方的妥协，占领主体地位。

（Ⅰ）从容淡定地谈话

要想以突然的停止来让对方觉得恐惧，开始的时候就必须保持镇定的态度，这样才能够更真实，更容易成功。

如何在暗涛汹涌的表面，制造出一丝平静，这才是关键所在。你需要表现出你的诚意，你是愿意同对方交涉的。而且，更重要的是要表现出足够的自信，要有掌握主导权的气势，不断地在你认为是关键点的地方同对方纠缠。

如果在一个商业谈判中，对方愿意出的价格很低，但你们拥有的是高效率的建筑团队，那么这时候，你要记得一定要在对方关注的问题上不停地做文章，关注他关注的。他愿意一直谈价格，你也要奉陪到底，决不撤退！

（Ⅱ）话到深处时毅然停止

双方一直盲目纠缠在一个问题上的时候，很容易产生矛盾。所以，见好就收，该转移话题就要转移话题。在拥有自己底牌之后，不要盲目地迁就对方，这时可以随意地发脾气、摆架子，对方也拿你没办法！

例如前面说的那个商业谈判，你就可以突然停止说价格的问题。因为一直在这个问题上推来推去也不会有什么结果。你可以坚决地说，你所在的公司，有很严格的建筑质量保证，能够严格按照合同按质按量地完成工作，绝不是因为在价格上讨价还价，只是因为这个项目完全有这个价值。然后断然终止谈话，等待后续。对方也不会不知道你们的实力，这时候他会恐慌你没有耐心再谈下去，从而毅然答应你的要求。

总之，保持自信，该喊停的时候就喊停，往往能够获得你意想不到的效果！